LES ACTES

DU

GRAND MINISTÈRE

~~~~~~

M. PAUL BERT

MINISTRE DE L'INSTRUCTION PUBLIQUE
ET DES CULTES

~~~~~~

Il ne s'est pas passé de jour que nous ne leur
ayions donné occasion de constater..... que nous
avions *aiguillé* dans une nouvelle direction.....

(M. PAUL BERT à M. CASTAGNARY,
27 janvier 1882.)

PARIS

IMPRIMERIE C. MARPON ET E. FLAMMARION

26, RUE RACINE, 26

—

1882

LES ACTES

DU GRAND MINISTÈRE

IMPRIMERIE C. MARPON ET E. FLAMMARION
RUE RACINE, 26, A PARIS .

LES ACTES

DU

GRAND MINISTÈRE

~~~~~~~~

M. PAUL BERT

MINISTRE DE L'INSTRUCTION PUBLIQUE
ET DES CULTES

~~~~~~~~

> Il ne s'est pas passé de jour que nous ne leur
> ayions donné occasion de constater..... que nous
> avions *aiguillé* dans une nouvelle direction.....
>
> (M. Paul Bert à M. Castagnary,
> 27 janvier 1882.)

IMPRIMERIE C. MARPON ET E. FLAMMARION

26, RUE RACINE, 26

—

1882

PRÉFACE

Quand j'avais six ans, — il y a de cela plus de quarante ans, — ma tante me donna pour mes étrennes un splendide cheval à bascule. Le cheval à bascule était, en ce temps-là, un présent quasi-royal. Depuis, le cheval à mécanique et le vélocipède ont détrôné le cheval à bascule. Je ne vous dirai pas ma joie lorsqu'un matin je trouvai ce noble coursier au pied de mon lit et que je l'enfourchai, sans seulement enfiler le vêtement que le client du bon Saint-Éloi mettait à l'envers. Je passai ma journée sur Bucéphale, je crois même que je ne voulus pas en descendre pour les repas. Pensez donc, un cheval à bascule !

Hélas ! il vécut ce que vivent les roses : le soir, il gisait dans ma chambrette sans souffle, sans mouvement. Après l'avoir éperonné pendant de longues heures, je l'avais éventré pour savoir ce qu'*il y avait dedans.*

La curiosité perdit la première femme. Elle fut cause que mon père me fouetta, me mit au pain sec et me priva d'étrennes jusqu'à l'année suivante.

Je suis resté incorrigible.

J'aime toujours à savoir ce que cachent les enveloppes. Plus elles sont enluminées, plus elles m'intriguent. Mon cheval à bascule n'aurait pas eu une robe éclatante, des yeux de feu, une crinière et une queue d'un noir éblouissant, je l'aurais dédaigné; nos ministres et en particulier celui qui s'est cramponné si cavalièrement au département des cultes, n'auraient pas fait tant de bruit avant leur arrivée aux affaires, il ne me serait jamais venu en pensée de poser un point d'interrogation à côté de leur nom.

Je les *vide*, parce qu'ils nous laissent croire qu'ils ne sont pas faits comme tout le monde. Je veux savoir si c'est vrai (1).

La politique de conciliation n'est pas une politique d'aplatissement; si la République veut que les partisans des idées religieuses fassent alliance avec elle, il faut qu'elle les traite, non comme du gibier de police correctionnelle, non comme des parias, mais comme des alliés, avec considération et respect.

Or, je comprends la répulsion des chrétiens pour la République de M. Gambetta. Il est hors de doute que ni M. Gambetta, ni M. Paul Bert, ni M. Castagnary, ni les abbés Michaud et Quily, ne savent ce qu'ils veulent; ou, s'ils le savent, ils ne veulent que des absurdités. En recousant les entrailles de mon cheval à bascule on lui rendit la vie. Il y en a même qui prétendent qu'un jouet n'est inusable qu'à la condition d'avoir affronté les horions de l'âge qui est sans pitié. C'est en partant de cet aphorisme que je prétends sauver les hommes politiques qui se sont donné la mission de régler les *affaires religieuses* en France.

Je ne les vide que pour les rendre inusables. L'opération est peut-être douloureuse pour eux, mais elle est nécessaire pour nous. Personnellement, je ne leur en veux à aucun titre. Ils ont décroché la timbale, tant mieux pour eux. Ils y puisent à pleines mains, comme Robert Houdin dans le chapeau du compère; bureaux de tabac pour les nièces, décorations pour les neveux, sièges de conseillers pour les oncles, villas et maîtresses pour eux-mêmes; je ne les en blâme pas. Ne font-il pas comme les autres? M. Prudhomme trouvera peut-

(1) J'estime qu'il est de l'intérêt du pays que d'autres fassent pour les collaborateurs de M. Gambetta, et pour M. Gambetta lui-même, ce que je fais pour M. Paul Bert. J'ai recueilli dans les principaux journaux entre autres la *République française*, l'*Union*, le *Henri IV*, le *Soir*, le *Figaro* ce qui rappelle le passage de M. Paul Bert aux affaires. C'est la meilleure manière de faire connaître l'homme et son œuvre. Cette brochure n'a pas d'autre mérite que d'être une compilation consciencieuse, une photographie prise sur le vif.   (*Note du compilateur.*)

être que ce n'était pas alors la peine de changer de gouvernement, et répétera le mot de Voltaire :

« Servir pour servir, j'aime encore mieux servir un lion qui, après tout, est de bonne maison, que trois cents rats de mon espèce, et qui ne valent pas mieux que moi. »

Ou celui de Proudhon :

« Despote pour despote, en mon âme et conscience, j'aimerais mieux encore ces bons vieux rois, qui représentaient aux yeux du pays des siècles d'honneur, de grandeur et de patriotisme, que ces farceurs qui se moquent autant du peuple que du pays, et flattent l'un pour accaparer l'autre. » Je maintiens que le changement était nécessaire, qu'il est bon ; mais à une condition, c'est que ceux qui y ont travaillé ne soient pas des entêtés, qu'ils ne se croient pas infaillibles, et qu'ils aient la franchise d'avouer où le bât les blesse.

Or, M. Paul Bert et les quatre ou cinq farceurs qui travaillent sous ses ordres à *renforcer le Concordat*, ne travaillent que pour les ennemis de la République.

Je veux donc leur dire ce que je pense, pour leur éviter, à eux, une amère déception et au pays des secousses funestes et toujours inutiles.

Au temps de Louis-Philippe, un avocat célèbre, devenu ministre de la justice, plaidait pour une jeune fille séparée de son père et s'apitoyait sur le sort de la pauvre abandonnée. Dans un moment d'éloquence, il s'écria : « Savez-vous ce qu'est devenue cette malheureuse ? Elle a été obligée de se faire premier piano à la Scala. » L'avocat avait traduit ainsi cette indication italienne qui suivait le nom de sa cliente : « *Al primo piano della scala,* » et qui signifie : « Au premier étage de l'escalier. »

Quand j'entends M. Paul Bert parler sérieusement de renforcer le Concordat et plaider la cause de la France dévorée par le *chancre du cléricalisme*, je crois entendre cet honorable avocat. Si celui-ci avait eu la moindre teinture d'italien, il n'aurait pas commis ce *lapsus*, si M. Paul Bert savait ce qu'on entend par cléricalisme, il serait plus réservé, plus sobre, plus habile (1).

Ces jours passés se plaidait le procès Roustan-Rochefort. Un témoin parlait des détournements d'un kasnadar.

— C'est bien, dit Mᵉ Delattre, le Mustapha-kasnadar qui est aujourd'hui ministre du bey?

Le témoin répondit en souriant que Mustapha-kasnadar était mort depuis longtemps.

— Du moins, reprit Mᵉ Delattre, c'est la même famille des kasnadar?

Toute l'assistance de rire. Le bon avocat ignorait que le nom de « kasnadar » est un titre.

Paul Bert prend le cléricalisme pour la religion, et ne se doute pas que ses airs de dogue en colère font pouffer de rire ceux qu'il rêve de réduire et de discipliner.

Il connaît comme moi la fable de La Fontaine : *l'Ane vêtu de la peau du lion*, qu'il la relise :

> Force gens font du bruit en France
> Par qui cet apologue est rendu familier,
> Un équipage cavalier
> Fait les trois quarts de leur vaillance.

_____

(1) Depuis qu'il n'est plus ministre, M. Paul Bert a déposé à la Chambre deux projets, l'un ayant pour objet *la suppression des Facultés de théologie;* l'autre *concernant l'exercice du culte catholique en France.* Une commission, dont M. Paul Bert est le président, a été nommée pour étudier ce second projet, et il est à craindre qu'elle ne se laisse prendre au semblant de légalité dont il est empreint. Ce projet, dont M. Paul Bert n'a même pas la paternité, — c'est M. Castagnary qui le lui a déterré dans les cartons de la Direction des cultes, — sauf peut-être dans les parties les plus violentes, est odieux et ridicule. Que nos honorables députés y réfléchissent : ce projet n'est propre qu'à vexer le clergé sans le mâter, qu'à lui donner une auréole de persécuté, qu'à le rendre intéressant aux yeux de tous. Je ne crains pas de l'affirmer, il ne mérite même pas les honneurs de la discussion.

Quant au premier projet, M. Paul Bert en est si embarrassé, qu'il aurait fait écrire à Léon XIII par l'intermédiaire de M. Desprez, notre ambassadeur auprès du Saint-Siège, qu'il était prêt à le retirer, si Sa Sainteté voulait reconnaître comme *canoniques* les cinq *Facultés* visées. Sa Sainteté aurait fait réponse que la chose méritait d'être étudiée. (*Note du compilateur.*)

LES ACTES

DU

GRAND MINISTÈRE

———◆———

LES ANCÊTRES DE NOTRE PAUL

———

Bert est un vieux nom celtique, que notre Paul est en voie d'il-
lustrer. C'est moins un nom propre qu'un nom patronymique dési-
gnant une suite d'hommes glorieux par le talent, la hardiesse, le
génie. Les *Bert* sont à la France ce que les *Pharaon* sont à l'É-
gypte, les *Mac* à l'Irlande, *M. de la Palisse* à la naïveté.

Quelques auteurs, n'osant remonter jusqu'à Adam, prétendent
cependant que notre Paul descendrait d'*Hé-Ber*, fils de Sem, qui
a donné son nom aux Hé-Breux, et que, par conséquent, il serait un
des arrières-petits cousins du Christ, ce qui expliquerait sa com-
pétence en *Matières cléricales*.

Sans repousser absolument cette opinion, qui a pour elle quelques vraisemblances, et l'appui d'auteurs d'une incontestable éru-
dition, Margot, Kasnadar, le Diable-à-Quatre et Tip-Top, je n'ose
l'embrasser absolument, d'autant plus que nous trouvons à cette
époque deux *Hé-Ber*, l'un fils de Sem, l'autre fils de Salé, et que
l'embarras est grand de décider duquel descend notre Paul. Pour
ma part, je pencherais plutôt à écrire qu'il descend de Salé (1).

_____

(1) *Genèse*, Lib. I, cap. x et xi.

Si notre spirituel confrère Toison d'Or pense devoir intervenir, je m'incline d'avance devant sa décision.

Le premier Bert que nous rencontrons dans l'histoire de France est l'un des quatre fils de Clovis, *Child-Bert*, qui régna sur Paris, Melun, Chartres, tout le littoral de la Manche, et s'illustra au siège de Pampelune, d'où il rapporta les reliques de saint Vincent, dont il fit présent à l'abbaye de Saint-Germain-des-Prés, qu'il avait fondée. *Child-Bert* laissa plusieurs neveux. L'un d'eux *Théod-Bert* mourut en 548, après avoir « gouverné, au dire de Grégoire de Tours, avec justice, honorant les évêques, faisant des dons aux églises, secourant les pauvres, et distribuant de nombreux bienfaits d'une main libérale et charitable » (1). De ses autres neveux, l'un *Chari-Bert* lui succéda, et fut un habile législateur, l'autre *Sig-Bert* régna en Australie. Ce prince est demeuré tristement célèbre par sa fin tragique à Vitry sur la Scarpe, et par celle de sa femme « noble et gente dame Brunehaut », que Grégoire nous peint « élégante dans ses manières, belle de visage, pleine de décence et de dignité dans sa conduite, de bon conseil et d'agréable conversation. »

C'est sous l'un de ses petits-fils *Child-Bert II* que les maires du palais commencèrent à exercer leur autorité.

Avec *Dago-Bert* nous atteignons l'apogée de la dynastie. C'est ce prince, dont saint Eloi fut l'orfèvre, le confident et le commensal, qui, s'il ne fonda pas l'Église de Saint-Denis « l'orna, au dire de Frédégaire, d'or, de pierreries et d'objets précieux ». « Il lui donna tant de richesses, de domaines et de biens en divers lieux, que tout le monde en était dans l'admiration. »

Dago-Bert a laissé dans l'histoire d'impérissables souvenirs. Il aimait le faste et la représentation., Il avait réglé qu'on suivrait à sa cour le cérémonial de celle de Constantinople. Sur les monnaies du temps, il a le front ceint de la couronne radiée, il porte à la main le sceptre des héritiers de Constantin et de Justinien, et se drape dans un vêtement long. Ses statues le représentent les pieds et les mains appuyés sur des lions. Ce n'est donc qu'une légende et une légende malveillante, qui a pu lui prêter des manies indignes d'un aussi grand homme.

Aussi, croyons-nous avec les auteurs les plus graves, avec Mar-

---

(1) Lib. II, cap. xiv.

got et Vert-Galant, qu'en dépit de la chanson, *Dago-Bert* mettait sa
culotte comme tout le monde, non à l'envers, mais à l'endroit, et
qu'Oculi, le fils de saint Eloi n'occupait pas auprès de lui la fonction délicate, de lui souffler au...

Ce sont les envieux seuls, qui ont osé ridiculiser notre grand mo-
narque, comme de nos jours, ce sont eux qui se permettent d'in-
sinuer qu'un de ses plus illustres rejetons, le grand *Paul-Bert*, a plus
droit à un cabanon à Charenton, qu'à un fauteuil au Parlement.

Qui donc, en effet, en dehors de ces envieux, oserait prouver
l'authenticité des calembredaines qu'on attribue à notre grand
Paul? et l'histoire de son fromage de lait de femme? et ses pa-
linodies chez le nonce? et ses accointances avec Druon, Quily,
Multier? et ses projets cléricaux qu'il aurait volés et dont il s'attribue la paternité? et ses rebiffades chez M. Gambetta? Tout
cela est pure calomnie, Paul est Paul et Mahomet n'est pas digne
de dénouer les cordons de ses babouches.

Après *Dago-Bert* la dynastie des *Bert* subit une éclipse presque
totale. Ce fut d'ailleurs un bonheur pour l'humanité; car on se
demande comment les populations auraient pu supporter plus longtemps l'éclat de ce soleil ruisselant de clartés!

C'est ce qui nous arrivera quand notre grand Paul, dont la parole
illumine son avenir et le nôtre, sera couché dans le tombeau. Après
notre Paul, en effet, l'étoile des Bert s'obscurcira, jusqu'au jour où
un de ses descendants la rallumera. L'histoire n'enregistre donc
qu'à regret les noms de *Child-Bert II*, de *Child-Bert III*, de *Dago-
Bert II*, de *Dago-Bert III*, et d'autres *Bert* sans prestige, jusqu'au
jour où se lève à l'horizon cet astre, le plus éclatant du règne de
Louis XIV, qui se nomme *M. de Col-Bert*, le précurseur de notre
incomparable Paul, que l'Europe ne nous envie pas assez.

Ce fut au temps de Charles-Martel, paraît-il, que les Bert dispa-
rurent.

L'histoire, en effet, nous raconte qu'à cette époque les Arabes,
commandés par Abdéram, s'étant emparés de la Provence, Charles
les en délogea et les repoussa jusqu'à Narbonne, dont il fit le siège.
Sous les murs de Narbonne, coule un mince filet d'eau, la *Berre*,
où les Francs taillèrent en pièces une armée d'Espagnols venus
au secours des Arabes. Les chroniqueurs du temps racontent que ce
fut en souvenir de l'héroïque conduite des descendants de *Dago-*

Bert, qui rougirent de leur sang les eaux de ce ruisseau, que Charles-Martel lui donna leur nom.

Heureusement que plusieurs années auparavant, quelques rejetons de cette illustre famille s'étaient réfugiés en Afrique, et avaient colonisé sous le nom de *Berbères*. C'est de cette peuplade que, d'après Ventre-Saint-Gris et Rachilde, serait sorti notre grand Paul qui, recueillant l'héritage de ses aïeux *M. de Col-Bert* et *Dago-Bert*, achève d'étonner le monde par la hardiesse et l'originalité de ses conceptions clérico-politiques. C'est, d'ailleurs, pour ne pas arrêter l'œuvre de notre Paul, que M. de Freycinet, aurait après beaucoup d'hésitation, confié le portefeuille des cultes à M. *Hum-Bert!*

La gloire de ce choix m'enfle d'un juste orgueil.

Frères, remercions les dieux d'avoir ensoleillé notre xixᵉ siècle. Ce siècle, en effet, menaçait de s'éteindre sans gloire, sans passé. Notre Paul a surgi. Il sera pour le xixᵉ siècle ce que *M. de Col-Bert* a été pour le xviiᵉ, *Dago-Bert* pour le viiiᵉ; son sabre pour M. Prudhomme : *le plus beau jour de sa vie!*

ÉPURONS! ÉPURONS!

REVUE EN TROIS ACTES AVEC APOTHÉOSE

PREMIER ACTE

Pendant que le rideau se lève, le chœur chante en sourdine ces deux couplets empruntés à la revue de MM. Hermil et Numès, mais arrangés pour la circonstance :

> Les temps sont bien changés, hi! hi!...
> Tout ici-bas est éphémère...
> Mes exploits ont cessé de plaire...
> Paul Bert a remplacé Ferry!...
>
> Je ne comptais que des conquêtes,
> Jadis... et j'en suis bien puni,
> Car si j'ai fait tourner des têtes...
> Je pique la mienne aujourd'hui!

. . . .

La scène se passe rue Saint-Didier, dans l'hôtel de M. Gambetta. Le *grand ministère* est encore dans le sein de sa mère. Le temps des couches est proche. M. Ferry arrive. On le fait attendre dans le salon attenant au cabinet du nouveau président du conseil. Il y a quelqu'un chez M. Gambetta. Tout d'un coup, la porte s'ouvre. M. Paul Bert en sort, l'œil en feu, le visage empourpré, la barbe et les cheveux hérissés, le geste menaçant. M. Ferry le heurte au passage, sans qu'il s'en aperçoive, et pénètre chez M. Gambetta en frisant ses *côtelettes.*

— Mon cher Ferry, prenez donc la peine de vous asseoir! Vous voyez devant vous un homme ter...ri...ble...ment embarrassé. Vous savez combien je vous estime et quel prix j'attache à votre intelligente et dévouée collaboration.

— Mon cher Gambetta, votre estime m'honore, et je suis heureux de demeurer votre lieutenant. Rien n'est changé?...

— Non, rien... Cependant, je voudrais vous faire part de mes ter...ri...bles embarras. Vous avez vu dans quel état Paul Bert est sorti de mon cabinet?

— Oui, ter...ri...ble...ment furieux, mais cela ne doit pas vous étonner. (*M. Ferry porte sa main à son front et fait un geste expressif.*) Je vous écoute attentivement. Où voulez-vous en venir?

— Vous savez que Bert m'a courageusement soutenu à une époque où il y avait du mérite à le faire. De toutes parts, on m'éreintait; seul ou à peu près, il est resté sur la brèche, et...

— Pardon, mais n'y a-t-il que lui qui puisse revendiquer cet honneur?

— Je ne dis pas non, mais entre tous il a brillé et mérité une prime d'encouragement.

— Soit. Je n'en disconviens pas!

— Aussi, je me vois dans la dure nécessité de vous demander en sa faveur un grand sacrifice.

— Ah! ça, décidément, où voulez-vous en venir?

— Bert veut, à tout prix, l'instruction publique et les cultes. Je lui ai dit que c'était impossible. Il a insisté. Je lui ai répété que je vous avais promis de vous garder ce portefeuille. Il n'a rien voulu entendre (1). Vous me rendriez un réel service en acceptant un autre département.

— Mon cher Gambetta, rayez cela de vos papiers. Je reste où je suis. Si Bert veut mon portefeuille, qu'il le prenne; quant à moi : bonsoir! je rentre dans la vie privée.

— Je regrette, mon cher Ferry, que vous preniez cette résolution. Mais la mienne est irrévocable. Bert aura l'instruction publique et les cultes!

— Et moi, la vie privée!

— A votre aise!

(*Jules Ferry reste seul en scène, et, s'approchant du trou du souffleur, s'adresse au public*) :

Mesdames, Messieurs,

Comme vous venez de l'entendre, c'est M. Paul Bert qui me succède. Je ne puis mieux faire que de vous présenter moi-même mon

---

(1) Ce n'est un secret pour personne que M. Paul Bert ne s'impose à la Chambre et à M. Gambetta lui-même, que par sa brutalité et ses impertinences. C'est pour n'être pas la victime de ses pétarades que beaucoup deviennent ses complices. (*Note du compilateur*).

honorable successeur, en vous donnant connaissance de la lettre suivante, que j'ai reçue ce matin :

Mon cher ami,

Tu me demandes si c'est vrai! Si, oui ou non, j'en ai mangé! Si c'était sucré, âcre, faisandé ou insipide! Quelle tête elle a faite, si nous avons ri, vomi, juré, tempêté, si elle a rougi, si nous avons bien digéré? De guerre lasse, je me résigne à te répondre; mais promets-moi de jeter ma lettre au feu, aussitôt que tu l'auras lue.

Ce serait trop humiliant pour la Faculté que tout le monde connût l'incivilité dont nous avons été les victimes de la part d'un collègue. Cela, d'ailleurs, pourrait faire douter de son état mental, et rejaillir sur nous.

Depuis longtemps, Bert nous avait prévenus qu'il nous inviterait à dîner quelques camarades et moi, pour nous faire goûter un mets de son pays. Il tenait beaucoup à avoir notre appréciation.

Le repas était simple, mais cuit à point et de bon goût. En gens bien élevés, nous l'avions trouvé succulent, et en bonnes fourchettes nous y avions fait honneur. A chaque plat nouveau, chacun de nous lui demandait : « Est-ce le mets de ton pays? »

— Non, pas encore. Tout à l'heure on vous le servira.

On était arrivé au dessert, et le plat nouveau n'avait pas encore paru. Je flairais une fumisterie. Je ne voyais guère, en effet, en dehors d'une pâtisserie, quel mets nouveau Bert pourrait nous servir.

On passa le fromage. Personne n'en prenant, Bert insista, nous assurant que c'était un fromage de son pays, dont d'ailleurs il faisait l'éloge. Chacun par politesse et par curiosité en prit un morceau. C'était le fameux mets si pompeusement annoncé.

— Eh bien! comment le trouvez-vous?

— Hum! et chacun de nous de se regarder.

— Vous ne le trouvez pas bon?

— Si fait ! si fait! excellent!

— Je crois bien, il est fait par moi avec *du lait de ma femme.*

D..... était devenu blanc comme un linge.

Il n'eût que le temps de sortir; il faillit se trouver mal.

Mme Bert se mit à sourire. La pauvre femme trouvait cela drôle. La soirée fût courte, comme bien tu penses. Chacun avait hâte de prendre l'air. J'étais écœuré. Que penses-tu de ce mari qui sert à ses invités *le lait de sa femme* en guise de fromage? Si ça n'est pas régence, c'est furieusement c.....!

Crois, mon **vieux**, à ma tendre affection, et puisses-tu ne jamais te trouver à pareille orgie !

Dʳ P...

(*M. Ferry disparait.*)

Pendant qu'on baisse le rideau, le chœur chante en sourdine :

> Après l'*Agésilas*,
> Hélas !
> Mais après l'*Attila*,
> Holà !

DEUXIÈME ACTE

Nous sommes au quai d'Orsay, au ministère des affaires étrangères.
L'huissier annonce : *M. le préfet du Pas-de-Calais!*

M. le préfet du Pas-de-Calais entre chez M. le président du conseil, la bouche enfarinée, le visage souriant, une rose à la boutonnière, le dos arrondi, la main sur le cœur :

— M. Paul Bert m'a écrit pour m'offrir la place de M. Flourens, dit le préfet en s'inclinant devant le Maître, et j'ai accepté...

— Des bêtises, mon cher préfet. Vous êtes indispensable dans le Pas-de-Calais. Retournez-y bien vite. C'est Castagnary qui remplace Flourens !

Le préfet du Pas-de-Calais allonge un nez ! mais un nez !... et paraît très vexé.

Mince de Castagnary!

Castagnary met huit jours à trouver le chemin de la rue de Bellechasse. Il finit par le trouver. Il heurte à la porte du cabinet de M. Flourens, y entre et s'y installe, pendant que son ministre crie à la cantonade : Castagnary! Castagnary! Mais je n'en veux pas, je veux mon préfet du Pas-de-Calais, ou...

— Tu veux! tu veux! reprend le Maître. Ne sais-tu pas que le roi lui-même dit : Nous voulons? — Tête de Bert, pendant que Castagnary continue à s'installer *in petto*.

On fait circuler dans la salle les biographies de M. Castagnary et de M. Quily, rédigées sous forme de lettre adressée à M. Paul Bert, ministre des cultes, ainsi que le règlement de l'académie du *Rat Mort*, dont Castagnary était le secrétaire perpétuel et Ganesco le président.

Mince de rigolade!

A M. Paul Bert, ministre des cultes.

Monsieur le ministre,

Je me suis promis de vous dire toute la vérité; je veux tenir ma promesse jusqu'au bout, bien qu'il m'en coûte de paraître toucher une personnalité aussi en vue que la vôtre. Je serai, ce que je suis toujours, franc sans brutalité, sincère sans amertume. J'estime, d'ailleurs, que c'est faire acte de bon citoyen que d'éclairer nos mandataires, risque à leur déplaire.

J'ai recueilli vos premières paroles et enregistré vos premières nominations de fonctionnaires avec une certaine inquiétude. Tout cela sonne faux ou creux. Est-ce que décidément l'*Univers* et ses confrères en *cléricalisme* auraient eu raison? J'en serais pour ma part au désespoir. Je trouve dans le *Soir*, du 29 courant, l'entrefilet suivant :

« Samedi dernier, M. Flourens, conseiller d'Etat, directeur général des Cultes, démissionnaire, a remis le service entre les mains de M. Castagnary, son successeur désigné, bien que non encore officiellement nommé. »

Nous sommes à mardi, et l'*Officiel* n'a pas encore enregistré, que je sache, la nomination de M. Castagnary. Cependant M. Castagnary signe et trône à la rue de Bellechasse depuis samedi; pourquoi donc l'*Officiel* est-il muet sur son élévation? Dans le public, on commence à en jaser, et les racontars vont leur train. Ce directeur des cultes *in petto* ne nous dit rien qui vaille. Il a une façon d'entrer au ministère qui nous intrigue. Serait-il donc de moins bonne race que M. l'ex-curé Quily, dont vous avez fait un bibliothécaire? Déjà, on s'aborde mystérieusement :

— A propos, savez-vous ce que c'est que ce Castagnary? Drôle de nom! (dans l'académie du Rat Mort, *Castus ignarus*).

— Le nom n'est rien, mon cher, mais si vous connaissiez le personnage !

— Ah! bah!

Et dans l'ombre, on chuchotte...

— Pas possible ?

— Comme je vous le dis, mon cher...

— Ah! bah!... Mais comment Paul Bert se l'est-il adjoint?

— Hélas! il paraît qu'on le lui a adjoint!

Et les histoires de courir sous le manteau de la cheminée, toutes plus étranges les unes que les autres.

— Comprenez-vous maintenant pourquoi on le cache, pourquoi l'*Officiel* est muet, pourquoi sa nomination est réservée, pourquoi ce n'est un directeur des cultes qu'*in petto*? Une manière d'Éminence grise?

— Je comprends. Mais êtes-vous bien sûr de ce que vous avancez?

— Sûr? — sûr comme Ulysse de Calypso. Pas un mot de ces histoires n'est inventé, et j'y crois comme si le Père-Éternel lui-même me les avait racontées. Ah! ça! d'où venez-vous donc pour être aussi ignorant? de Pontoise ou de Loudéac? Vous n'avez donc jamais entendu parler de M. Castagnary? Vous n'avez donc jamais été au Conseil municipal? jamais au Conseil d'État? jamais au Conseil des ministres?

— Jamais!

— Ah! alors je comprends.

— En deux mots, mon cher, voici l'histoire :

M. Castagnary a d'abord siégé, il y a quelques années, au conseil municipal de Paris, grâce à l'influence de M. Gambetta. M. Gambetta y avait intérêt. Cette nomination produisit une si fâcheuse impression sur MM. les conseillers que, quand M. Castagnary fit sa première apparition au conseil, il ne reçut que des impolitesses en échange de ses avances. On lui fit littéralement visage de bois. S'approchait-il d'un groupe, les conseillers se taisaient et lui tournaient le dos.

Quand, en 1879, on réorganisa le Conseil d'État, Gambetta sut l'imposer à la signature du président de la République. Au Conseil d'État, M. Castagnary eut les mêmes déboires qu'au Conseil municipal. Ses collègues étaient avec lui d'une froideur et d'une réserve presque injurieuse. Dès qu'il apparaissait, ils changeaient de conversation, et ne causaient devant lui que de banalités.

En dépit de l'opinion, M. Gambetta voulut le faire décorer, mais quand il fallut insérer le décret à l'*Officiel*, un ministre fit part de ses scrupules à ses collègues, et ne leur laissa pas ignorer le mauvais effet que produirait sur le public cette marque de distinction.

M. Castagnary dut se résigner et ne fut pas décoré.

. . . .

Vous étonnerez-vous, monsieur le ministre, que l'apparation de ce monsieur à la direction des cultes nous plonge dans la stupeur? N'auriez-vous donc pas pu trouver parmi les conseillers d'État, parmi les préfets un autre collaborateur?

Je veux croire que M. Castagnary a été calomnié, qu'il est la oyauté même, l'honneur en personne, qu'on lui a fait une réputation qu'il ne mérite à aucun titre, que les conseillers de la ville et de l'État ont eu tort de le soupçonner, que c'est même un excellent choix qui fera oublier M. Flourens; mais alors pourquoi lui fermer les colonnes de l'*Officiel?* pourquoi l'introduire subrepticement dans l'hôtel de la rue de Bellechasse? pourquoi ne pas lui accorder les honneurs qui lui sont dus?

Je me suis laissé dire que personnellement vous aviez jeté les yeux sur le préfet du Pas-de-Calais, que même vous l'aviez fait venir à Paris, et que c'est M. Gambetta qui l'aurait renvoyé dans ses foyers administratifs, sous ce fallacieux prétexte que le Pas-de-Calais ne pouvait se passer de ses services, tandis que la direction des cultes était pourvue, et que quand ce nom de Castagnary fut prononcé au Conseil des ministres, M. Gambetta calma vos scrupules et ceux de vos collègues en disant qu'on ne ferait paraître le décret de nomination que plus tard, et que cela suffirait pour atténuer le mauvais effet que l'on redoutait.

Avouez, M. le ministre, que, si ce plan est vrai, il n'est digne ni de vous, ni de nous, ni du grand ministère dont vous faites partie, et que la presse conservatrice a quelque raison d'affirmer, qu'en réalité, ce grand ministère n'est qu'un ministère de commis, un ministère de doublures. M. Castagnary sera votre mauvais génie. Il a le mauvais œil. Il est encore temps de conjurer le danger. Son nom n'a pas paru à l'*Officiel*. En dépit de son protecteur, je ferais revenir mon petit préfet du Pas-de-Calais, et je renverrais M. Castagnary se faire pendre ailleurs.

Que dire maintenant de cet ex-curé qui répond au nom étrange de Quily, qui jadis avait fait graver sur ses cartes cette singulière profession : *Chargé de faire exécuter le Concordat* et dont vous avez fait le bibliothécaire de la direction des cultes?

Ne pouviez-vous pas lui faire donner une place ailleurs? Il paraît que c'est lui qui recherche pour vous dans les casuistes cléricaux les étranges citations dont vous émaillez vos harangues anticléricales. Je comprends que vous ayez tenu à le récompenser; mais de bonne foi était-ce à la direction des cultes qu'il convenait de bombarder ce défroqué?

Vous l'auriez mis dans vos bureaux de l'instruction publique, il n'y avait rien à dire. Je ne partage pas, en effet, le préjugé de ceux qui veulent laisser mourir de faim un prêtre qui abandonne l'état ecclésiastique. J'aime encore mieux lui voir prendre femme ou maîtresse que souiller des enfants, mais je crois que pour caser ces messieurs, il faut tenir compte des convenances; et ici je m'étonne que M. Gambetta, qui écrivit lui-même à M. Ferry pour le féliciter d'avoir consenti, lors de son avènement au ministère, à ce que les cultes fussent séparés de l'instruction publique, parce qu'il ne convenait pas qu'un *marié civilement* dirigeât le clergé français, ne vous ait pas donné un bon conseil.

A votre place, je supprimerais l'emploi de M. Quily, d'autant plus que je ne crois pas que les 50 volumes dont il a la garde, réclament un gardien à 4,500 francs ; et j'en ferais... n'importe quoi ; mais encore une fois, je n'imposerais pas au clergé M. Quily, et au monde politique M. Castagnary. Vous n'avez que trop besoin, monsieur le ministre, de toute votre liberté d'action pour entreprendre les réformes que vous méditez, sans en compromettre le succès, en vous entourant de collaborateurs gravement entamés.

Veuillez agréer, monsieur le ministre...

Le chœur chante en sourdine :

> Après l'*Agésilas*,
> Hélas !
> Mais après l'*Attila*,
> Holà !

TROISIÈME ACTE
(66, rue Bellechasse, à la Direction des Cultes.)

Entrée de M. le curé Quily. Il tend sa carte à l'huissier : *M. Quily, chargé de faire exécuter le Concordat.*

Suivent ses états de service :

Successivement chassé, en 1856, de l'établissement de Saint-Lazare (près Montfort), où il avait été élevé par les Pères de Saint-Laurent-sur-Sèvres, — en 1857, du grand séminaire de Rennes, — puis du petit séminaire de Saint-Méen, — puis du petit séminaire de Vitré, où il avait été admis maître d'études ; — puis de l'Oratoire de Paris, puis du diocèse de Tours, — puis d'une compagnie de francs-tireurs, dont il s'était fait l'aumônier, M. Quily se lance dans le mouvement vieux-catholique, passe en Suisse, et là, en moins d'un an, trouve encore moyen de se faire expulser, d'abord par le gouvernement de Berne et peu après par le gouvernement de Genève, revient en France pour fournir à M. Paul Bert les documents et les citations dont celui-ci a besoin pour bâtir ses pamphlets contre les Jésuites et le clergé.

L'huissier salue et rend à ce Monsieur sa carte. Il n'a pas compris. — Tête du curé Quily, qui roule des yeux féroces.

— Montrez-moi la bibliothèque !

— La... bi... bli... o... thè... que?

— Oui, la bibliothèque. Je suis nommé bibliothécaire aux appointements de 5,000 francs par an, comme un chef de bureau.

— Ah ! c'est autre chose, Monsieur. Suivez-moi !

M. le curé Quily entre dans la bibliothèque et s'y installe.

De toutes parts les applaudissements éclatent.

A ce moment Paul Bert, Castagnary, Quily rentrent en scène, en se tenant par la main, et mugissent à l'unisson : *Vive la République !*

Qui donc a dit, crie un loustic, que *Prêtre et République étaient incompatibles ?* Le rideau baisse. La farce est jouée.

APOTHÉOSE

Quelqu'un m'assure que depuis que MM. Bert, Castagnary et Quily se sont installés, l'un rue de Grenelle et les autres rue de Bellechasse, les visiteurs et spécialement les prêtres ont désappris le chemin qui conduit à la direction des cultes et que ces messieurs en sont tout surpris.

Mince de surprise !

M. X... est un père aussi naïf que peu tendre.

Quelqu'un s'étonnant devant lui de la tristesse de ses enfants et lui en faisant la remarque.

— Je n'y comprends rien, répondit-il, je les fouette toute la journée pour leur faire perdre cet air-là et je n'y puis parvenir.

Si MM. Bert, Castagnary et Quily (1) ne comprennent pas pourquoi ils font le vide autour d'eux, c'est qu'ils ont le cerveau plus bouché que M. X... (2).

---

(1) M. Quily, *ancien prêtre* — c'est sous ce titre qu'il est surtout connu à la direction des cultes — a été remercié le 20 avril dernier. Il paraît qu'il se serait présenté à son bureau, le jeudi-saint, dans un tel état d'ébriété, que le doux M. Humbert n'aurait pas cru pouvoir conserver plus longtemps un pareil collaborateur. M. l'ex-curé n'a pas laissé ignorer à ses collègues de la direction des cultes, qu'il allait les dénoncer à toutes les loges maçonniques comme d'infâmes cléricaux. *In vino veritas !* (*Note du compilateur.*)

(2) Ce qui est raconté dans cet article, sous cette forme humoristique, est vrai du commencement à la fin. Il n'y a pas un mot d'inventé. (*Note du compilateur.*)

MONSEIGNEUR WLADIMIR CZACKI

CHEZ NOTRE PAUL

Son Excellence Mgr Wladimir Czacki, archevêque de Salamine et nonce apostolique du Saint-Siège auprès du gouvernement de la République, est allé rendre visite ces jours passés à Son Excellence M. Paul Bert, ministre des cultes.

Le nonce avait eu soin de se présenter à la rue de Grenelle à une heure où il savait ne pas rencontrer M. Paul Bert. Il fut reçu par Mme Bert.

Après les premiers compliments d'usage, le nonce crut pouvoir aborder les questions religieuses. Il le fit avec une grande réserve, parlant de paix, de conciliation, affectant de se montrer aussi libéral que possible. Il s'applaudissait déjà de son habileté, quand Mme Bert, l'interrompant : « Mais, Monseigneur, je ne comprends rien à votre langage. On est catholique ou on ne l'est pas. Je ne connais pas deux manières de l'être. Pour moi, je suis et serai toujours très attachée au Pape, à la foi de l'Eglise, sans restriction, sans ménagement. »

C'est le nonce qui faisait une tête ! Il ignorait en effet, que Mme Bert est Irlandaise, et qu'elle mange aussi peu du curé que son mari s'en engraisse. Il s'excusa de son mieux, remercia Mme Bert de son charmant accueil, prit jour avec elle pour se rencontrer avec son mari, et sortit du ministère, pestant, mais un peu tard, contre les maris prêtrophobes qui épousent des dévotes sans crier : gare !

Il faut avouer, d'ailleurs, que tout autre, à sa place, aurait fait le même four.

Cependant j'imagine que s'il avait connu l'histoire du *fromage*, il se serait tenu sur ses gardes et n'aurait ouvert la bouche qu'à *bon escient*. N'est-il pas évident qu'une femme, que son mari expose à ce point aux ridicules plaisanteries de ses collègues, ne doit briller ni par l'intelligence, ni par le sens commun ? et que si elle ne fait pas partie du bataillon des émancipées dont Louise Michel est la colonelle, c'est qu'elle est déjà furieusement embéguinée ? ou bigote, ou huguenote, ou confite en dévotion, ou pétroleuse.

L'entrevue des deux Excellences a eu, elle aussi, son petit incident tout à fait imprévu.

Toujours après les compliments d'usage, Mgr Czacki et M. Bert abordèrent les questions religieuses.

— Voyez-vous, monsieur le nonce, s'écria à un moment M. Bert, on a fait grand bruit autour de mon nom.

Le correspondant du *Times*, en effet, avait affirmé la veille, qu'en nommant M. Paul Bert ministre des cultes, M. Gambetta « ne prévoyait pas le cri de réprobation que soulèveraient les antécédents » de ce personnage.

— On a eu tort.

— C'est bien mon avis, monsieur le ministre, répondit le nonce en souriant.

— Je suis concordataire !

— Strict, ajouta timidement le nonce, tout en essuyant ses lunettes pour se donner une contenance.

— Strict, il est vrai, reprit M. Bert, mais seulement pour le présent. Ici le nonce remit ses lunettes. Il s'agissait de dissimuler ses yeux.

— Nous avons besoin, à cause de l'agitation des partis politiques, qui, sous le masque de la religion, cherchent à faire échec à la République, d'être actuellement impitoyables ; mais soyez assuré que, quand M. Gambetta sera *le chef du pouvoir exécutif*, la face des choses changera. Nous serons très coulants avec le clergé. Aristote l'a dit : « le commencement est la moitié du tout » et nous suivons le conseil d'Aristote.

Le nonce fit semblant de comprendre, puis salua pour prendre congé de Son Excellence, exprimant sa joie de ce qu'il venait d'entendre. En rentrant à l'avenue Bosquet, il télégraphia à Léon XIII que les époux Bert sont loin d'être aussi féroces qu'on les a dépeints, et que l'espérance peut renaître dans tous les cœurs catholiques.

. . . .

Devant une baraque foraine, un saltimbanque annonce, à grand renfort de grosse caisse « la véritable femme-poisson. »

La foule se précipite ; on tire le rideau ; une vieille femme apparaît et commence ainsi son petit speech :

« Mesdames et messieurs, je suis la femme-poisson... »

Mouvement d'étonnement.

« Mon mari, Isidore Poisson, est mort, il y a cinq ans, me laissant seule au monde sans fortune ; et comme vous semblez vous intéresser vivement à mes malheurs, je vais faire le tour de l'honorable société ! »

Est-ce que M. Bert ne serait pas quelque peu cousin de la femme Isidore Poisson ?

Son entrée au ministère nous avait été signalée comme un fait très significatif; il devait être le redresseur du clergé, le parangon des anticléricaux, l'homme-merveille. Son speech à Mgr Czacki ressemble, à s'y méprendre, à celui de la femme Isidore Poisson. Est-ce qu'il ne serait pas plus *anticlérical*, que la veuve d'Isidore n'était la *femme-poisson*?

L'*Intransigeant* se demandait ces jours passés si M. Paul Bert n'était pas un métaphysicien; je me pose aujourd'hui cette autre question : Ne serait-ce pas plutôt un farceur?

On a grondé Bébé, et Bébé pleure bien fort. Elle est décidément très malheureuse et elle s'écrie :

— Eh bien, si on me grande encore, je ne resterai pas ici, je retournerai dans mon chou.

Le *Journal de Genève* assure que, grondé par M. Gambetta pour ses premières échappées, M. Bert veut faire comme Bébé. Il jure maintenant qu'il est un homme poli, loyal, pas méchant du tout, qu'il est le bourgeois le plus inoffensif, et qu'il est prêt à rentrer dans un chou, si on l'exige (1).

Quelque temps après le 2 Décembre, Mme Cornu, sœur de lait de Louis Bonaparte, lui disait :

— Et puis, je te le demande, quel est ton entourage? un ramassis d'aventuriers, des gens sans foi ni loi !

Bonaparte répondit :

— Que veux-tu? j'ai fait appel aux honnêtes gens, ils n'ont pas voulu venir à moi.

Il paraît que c'est un peu l'histoire du *grand ministère*. Un illustre personnage aurait refusé d'entrer aux affaires étrangères de crainte de *s'encanailler*. Voilà qui donne à réfléchir, et Mgr le nonce ne ferait peut-être pas mal de se renseigner à nouveau, avant d'ouvrir nos cœurs à l'espérance (2).

---

(1) C'est ce qui expliquerait les *chateries* de Son Excellence M. Paul Bert envers le Nonce, ses visites répétées à l'avenue Bosquet, — jusqu'à trois fois en une semaine ! — Sa dédicace : *Hommage du grand politique au grand diplomate!* de son *Projet de loi*, soigneusement relié, *concernant l'exercice du culte catholique en France*, avec lettre réclamant les conseils, l'appui, les encouragements du prélat; sa soumission envers Léon XIII, qu'il implore pour lui retirer de dessus les bras son projet de destruction des Facultés de théologie ! (*Note du compilateur.*)

(2) On a dit, et c'est vrai, qu'une des raisons qui avaient déterminé M. Gambetta à quitter le pouvoir, c'était l'insuffisance, j'allais dire la malpropreté de plusieurs des commis que la camaraderie l'avait obligé de s'adjoindre. Le grand ministère a dû sa mort, et M. Gambetta son suicide politique, aux Gougeard, aux Bert, aux Rouvier, aux Allain-Targé et à quelques autres (*Note du compilateur*).

L'IDÉAL MALE ET FIER

Tous les journaux ont publié ces jours passés la note suivante :

« M. Paul Bert, ministre de l'instruction publique, a soumis hier, à la signature de M. le Président de la République, un décret réglant la situation des aumôniers dans les lycées et établissements d'enseignement secondaire.

« Jusqu'ici l'enseignement religieux était obligatoire dans les lycées. M. Ferry avait, il est vrai, autorisé confidentiellement les proviseurs à dispenser individuellement, dans des cas particuliers, certains élèves de prendre part aux exercices religieux. Mais cette autorisation était restée, en fait, lettre morte.

« A l'avenir, l'enseignement religieux cessera d'être obligatoire; les parents seront libres d'en faire dispenser leurs enfants et devront déclarer, au commencement de chaque année, s'ils entendent que leurs enfants reçoivent ou non une instruction confessionnelle.

« La mesure prise par M. Paul Bert laisse donc entière liberté aux pères de famille. Les aumôniers sont d'ailleurs maintenus dans leurs fonctions, M. Paul Bert ayant pensé qu'il ne pouvait, sans le consentement du Parlement, modifier la situation fixée par le décret-loi de 1808. »

C'est parfait! C'est admirable! se sont écriés en cœur tous les Prudhomme dont le parti républicain regorge. Parfait! Admirable! Enfin, la liberté de conscience pénètre dans les lycées! Enfin, les enfants ne seront plus violentés dans leurs croyances; la République a fait un grand pas! Oui..., vers le gâchis!

« Dans une circulaire restée fameuse, racontait le *Monsieur de l'Orchestre*, M. Edouard Turquet avait retracé *l'idéal mâle et fier* que devaient poursuivre les auteurs, les directeurs, les acteurs, les chanteurs, les décorateurs, les souffleurs et jusqu'aux concierges des théâtres.

2

« — A partir d'aujourd'hui, pensa-t-il, une ère nouvelle commence pour l'art dramatique en France.

« Malheureusement, pendant tout le temps qu'il resta aux affaires, M. Turquet ne trouva pas une minute pour aller s'assurer par lui-même de l'effet que produisaient ses prescriptions sévères, mais justes. »

Il avait tant de besogne, M. Turquet ! Des groupes sympathiques à organiser, le Salon à désorganiser, des tableaux médiocres à commander pour nos musées nationaux. Que sais-je encore ?

Ce n'est pas qu'il perdît son noble but de vue. Non. De temps en temps il faisait venir son secrétaire.

— Eh bien, lui demandait-il, comment vont les théâtres?

— A merveille, M. le sous-secrétaire d'Etat. L'Opéra a encore fait près de 20,000 francs hier soir.

— Il ne s'agit pas de cela. Les recettes ! Je m'en moque bien. C'était bon du temps des ministres dégénérés. Mais avec un sous-secrétaire d'Etat régénérateur !... non... parlez-moi de l'idéal !...

— Mâle et fier, monsieur le sous-secrétaire d'Etat, toujours mâle et fier.

— A la bonne heure !

D'autres fois, c'était un directeur de théâtre qui venait. M. Turquet s'informait :

— Êtes-vous content ?

— Heu ! monsieur le sous-secrétaire, comme ci, comme ça..., on veut encore me forcer à rallonger les jupes de mes danseuses...

— Considération mesquine ! Il faut voir plus haut.

— Précisément... c'est ce que je pensais... mais Sardou ne veut pas...

— Je crois que vous ne saisissez pas bien... je parle au figuré... Il faut voir plus haut... votre idéal?...

— Ah ! parfaitement, mâle et fier, répondait le directeur auquel l'huissier avait donné le mot.

— Merci, je suis très heureux... Avec des hommes tels que vous, j'atteindrai facilement le but que je me suis proposé.

Et Turquet était aux anges. Ce n'était pas plus malin que cela de régénérer le théâtre !

Est-ce que M. Paul Bert ne serait pas entrain de rééditer pour les lycées, l'idéal mâle et fier du naïf M. Turquet ?

La mesure qu'il vient de prendre, bien que partant d'un excellent principe, est, qu'il me pardonne le mot, absurde au premier chef, et, pour ma part, je connais plusieurs proviseurs de lycée, des plus libéraux et des plus républicains, qui envoient déjà au diable le ministre de l'instruction publique, tout comme les curés le ministre des cultes!

La vérité parvient rarement aux grands de la terre, que M. Paul Bert daigne me lire, il comprendra sa bévue.

La mère du petit Tomy, âgé de cinq ou six ans, vient de remplir son assiette de crème au chocolat.

— Eh bien, qu'est-ce qu'on dit? s'écrie le papa.

Tomy, après quelques secondes de réflexion :

— On dit : « Encore!... »

Tous les enfants sont comme le petit Tomy, vous croyez qu'ils songent à vous remercier d'une faveur, surtout qu'ils s'en contenteront, qu'ils en apprécieront le mérite, l'utilité. Ah bien oui! La bouche encore pleine, ils vous crieront : Encore!... De la liberté de conscience, les lycéens s'en moquent comme les auteurs du *Cabinet Piperlin*, de la *Belle Affaire*, de *Divorçons*, des *Premières armes de Richelieu*, de la *Fille du Tambour-major*, de la *Biche au bois*, de l'Idéal mâle et fier. Ce qu'ils verront dans la nouvelle mesure de M. Paul Bert, c'est qu'on leur octroie *une exception* nouvelle qui leur permettra de faire, pendant l'heure des cours d'instruction religieuse, autre chose que de l'instruction religieuse.

Tout le bonheur d'un collégien, en effet, est de vivre le plus possible en dehors de ses camarades, de faire de l'allemand pendant le cours d'algèbre, du calcul différentiel pendant la classe d'escrime ou de gymnastique, de ne rien faire dans le jour et d'aller le soir à la veillée.

Les corvées de quartier, qui sont si odieuses au régiment, sont les plus recherchées au lycée. S'agit-il de balayer une cour pour faire une glissade, de porter un banc, de faire n'importe quelle commission, de courir après le lampiste, après le surveillant général, d'aller chez le portier, vingt gamins de bonne volonté sont toujours prêts. C'est une occasion de flâner, de remuer, de faire autre chose que ce que font les autres, c'est plus qu'il n'en faut pour avoir à son service autant d'esclaves qu'on a d'élèves.

Aussi M. Paul Bert peut être certain que quand le censeur dressera ses listes de *lycéens catholiques* et de *lycéens non catholiques*, tous lèveront la main pour rester à l'étude, où, d'ailleurs, ils s'embêteront, plutôt que d'aller à la chapelle écouter l'aumônier qui est quelquefois intéressant et toujours généreux d'exemptions. Huit jours après, par exemple, ce sera le contraire. Un certain nombre d'apostats seront redevenus des néophytes, des catéchumènes fervents qui réclameront à cor et à cris d'aller à la chapelle. Et comment leur refuser? — Monsieur, c'est la grâce qui m'a touché! Je crois! je suis chrétien! — Fallait croire il y a huit jours! il est trop tard, f..... moi le camp à l'étude... — Monsieur, vous violentez ma conscience, je me plaindrai au ministre.

M. Paul Bert, des excellentes intentions duquel je ne saurais douter, croit avoir fait merveille en entrant dans cette voie nouvelle et régénératrice; qu'il attende seulement huit jours, et si ses proviseurs sont sincères, ils lui montreront clair comme le jour qu'il a commis une *bêtise*. Ce qui se faisait était excellent. Le proviseur discrètement dispensait certains élèves de suivre les cours de l'aumônier. Cela suffisait pour protéger certaines consciences ombrageuses et cela n'ouvrait pas la porte à tous les caprices, à toutes les fantaisies, à tous les abus.

En toutes choses, il faut considérer la fin (1).

_____

(1) Si les journaux ont été bien informés, dans le ressort de l'Académie de Paris, *huit* pères de famille seulement auraient répondu à l'appel si touchant et si opportun de M. Paul Bert. Quant au congrès des potaches, qui devaient se réunir à Montpellier, pendant les vacances de Pâques, il ne dit pas un mot, dans son manifeste, de la *Réforme religieuse*. Les potaches protestent contre la mauvaise nourriture, le despotisme du concierge, la stupidité des pions et autres choses analogues; mais sont muets sur la nécessité de modifier l'enseignement religieux.

M. Paul Bert est-il convaincu qu'il a donné un coup d'épée dans l'eau? Hélas! il en donne tant qu'il ne les compte plus. (*Note du compilateur.*)

PREMIÈRE A M. PAUL BERT

MINISTRE DES CULTES

Monsieur le Ministre,

J'ai préféré ne vous adresser cette série de lettres qu'après que la première émotion, causée par votre avènement au ministère des cultes, s'est un peu calmée, dans la crainte de céder moi-même à cette émotion et de mal traduire mes inquiétudes et mes espérances.

Je ne suis, Monsieur le Ministre, ni un insulteur, ni un thuriféraire, mais je me crois certains droits à vous dire la vérité ; et j'estime que vous avez trop de patriotisme pour vous en froisser.

Si vous avez lu les journaux français et étrangers, depuis huit jours, vous avez dû être frappé de l'impression douloureuse, j'allais dire de la consternation universelle, que répand votre nom.

Je passe sous silence les grossièretés impardonnables, dont la presse soi-disant conservatrice et catholique essaie de vous accabler, mais si vous avez ouvert le *Temps*, le *National,* le *Soir*, le *Standard*, l'*Italie*, vingt autres journaux de même nuance, ce que vous y avez lu de vous n'est-il pas navrant?

C'est avec une profonde tristesse que le *Temps* se demande « pourquoi les cultes sont remis à un homme qui les a traités jusqu'ici beaucoup moins en homme d'Etat qu'en pamphlétaire », qui a cru pouvoir comparer le prêtre à la peste, au phylloxera et représenter le catholicisme comme l'école du mensonge, de la rapine, de l'imbécilité, de toutes les sottises et de tous les vices. Il semble au *Parlement* que vous appelez au ministère des cultes, c'est « jeter à l'Eglise catholique un inqualifiable et presque outrageant défi ». Aussi, quand ce même journal ajoute : « Nous ne sommes pas cléricaux, mais nous sommes impartiaux avant tout, la nomination de M. Paul Bert aux cultes est un acte de mauvaise politique et de mauvais goût », on ne saurait trouver qu'il a tort.

Je ne puis m'empêcher de partager l'émotion de beaucoup de
de mes confrères, de beaucoup d'hommes politiques, de beaucoup
de républicains convaincus. Laissez-moi vous le dire : ce n'est pas
sans inquiétude que nous vous voyons à la tête d'un département
d'où votre passé et vos convictions semblaient vous exclure, au
moins pour le moment.

Eh quoi ! je me suis laissé dire que lorsque M. Ferry fut nommé
ministre, on crut convenable de détacher les cultes de l'instruction
publique, parce que M. Ferry n'était marié que civilement ! M. Gambetta, lui-même, dans une lettre qu'il a écrite à M. Ferry, et que
celui-ci garde précieusement, trouvait impertinent qu'un Monsieur,
qui ne faisait aucun cas du mariage religieux, fut en contact perpétuel avec des évêques et des prêtres.

Que dira-t-on de votre avènement ?

Le numéro du *Standard* du 16 courant, ne publie-t-il pas une
dépêche de son correspondant de Paris, ainsi conçue :

« J'apprends que les préfets ont envoyé au ministère des dépê-
ches déclarant que la nomination de M. Paul Bert a causé *un véritable scandale ?* »

Ces mots : *un véritable scandale,* sont en français dans le journal
anglais.

Que dit *l'Italie,* un autre journal républicain qui est loin d'être
clérical ?

« Nous n'attendions pas que M. Gambetta se montrât fort tendre
pour l'élément catholique. Mais il était au moins politique de ne
pas soulever tout d'abord ses clameurs, non plus que les suscepti-
bilités d'une partie de la nation qui ne prend pas part aux luttes
politiques et considérera l'entrée de M. Bert dans le cabinet comme
une provocation.

« M. Gambetta ne pouvait-il choisir un libéral, un anti-clérical
même, un peu moins compromis que M. Bert ? A quoi bon provo-
quer, à cause d'un nom, une guerre qu'on avait toujours le temps
de faire éclater plus tard et au moment choisi, quand il n'y aurait
pas eu d'autres affaires plus urgentes ? Ce choix est bien impoli-
tique. »

Sans doute, M. le président du conseil et vous, estimez qu'on ne
doit tenir aucun compte de ces scrupules, et qu'on peut être ministre des cultes, sans aller en confesse et sans produire un certificat
de dévotion. L'opinion publique ne pense pas tout à fait comme
vous. S'il nous déplaît qu'on nomme un évêque comme ministre
des cultes, il ne nous plaît pas davantage qu'on nomme, je ne dirai

pas un libre-penseur, un matérialiste, un athée, quoique ce choix soit déjà de mauvais goût, mais un ennemi, un sectaire acharné, un violent. Voyez-vous, Monsieur le ministre, le pays a soif de paix intérieure. S'il n'est pas chrétien, il a horreur de ce qui ressemble à une persécution contre les chrétiens, et votre nom signifie trop : *Abolition forcée du Christianisme,* pour que nous ne nous inquiétions pas.

Vous me direz peut-être que vous n'êtes pas aussi féroce, aussi cruel, aussi sanguinaire qu'on vous dépeint, et que la malveillance exagère vos intentions.

Je veux vous croire, mais avouez que celui qui ne vous connaît que par la réputation que vous vous êtes faite vous-même, celui-là a bien le droit d'entrevoir dans notre horizon politique et religieux plus d'un point noir.

Quoi qu'il en soit, je veux me persuader que vous êtes sincère, que vous n'avez pas d'autre programme que celui de M. le président du Conseil, et que « pour obéir à la France, vous n'êtes préoccupé que d'assurer, par la stricte observation du régime concordataire, le respect des pouvoirs établis dans les rapports des Eglises avec l'Etat », que vous ne voulez ni la suppression du budget des cultes, ni la séparation de l'Eglise et de l'Etat, ni aucune mesure injuste et violente. Vous êtes et demeurerez concordataire ! C'est parfait ! Mais cela n'empêche pas qu'avec les meilleures intentions du monde vous côtoyiez un abîme.

Demeurez convaincu, en effet, qu'être *strictement* concordataire, c'est entretenir une lutte sourde avec le cléricalisme, lutte qui aboutira fatalement à une séparation violente entre le catholicisme et l'Etat, et entraînera pour la République, sinon la mort, du moins de terribles dangers.

On raconte que l'ambassadeur d'une grande puissance aurait dit spirituellement à son entourage, en parlant du nouveau ministère : « L'accouchement se termine par une opération césarienne... »

La France républicaine porte dans ses flancs l'Eglise catholique, comme toutes les autres institutions qui la font vivre et prospérer.

Prenez garde, monsieur le ministre, que le cléricalisme, sous les coups que vous voulez lui porter, ne s'agite si violemment dans le sein de sa mère, que quelqu'un ne s'offre pour le sauver par une opération césarienne. Je n'ai pas à vous apprendre que cette opération entraîne la mort de la mère.

Vous êtes, en outre, trop instruit des lois de l'histoire pour ignorer que toute action amène une réaction, et que plus l'action a été violente, plus la réaction est énergique.

1793 a amené 1801 ; les luttes cléricales de Bonaparte ont enfanté la réaction cléricale de la Restauration ; 1815 a produit 1830 et le sac de l'archevêché ; 1830 a jeté dans les bras de la République de 1848 le clergé qui, en haine de Louis-Philippe, s'est fait le bénisseur des arbres de la liberté. Le second empire a essayé de mâter le cléricalisme, il a été obligé de faire alliance avec lui et de le combler de faveurs ; 1871 les lui a fait expier, mais vos rigueurs lui préparent de nouveaux triomphes. Et c'est là ce que nous autres républicains nous redoutons !

Le *cléricalisme* est une institution politique, qui doit être réduite, anéantie, mais prenez garde de le confondre avec la religion. Chaque jour la police des mœurs commet d'horribles bévues. Sous prétexte de purger Paris des ulcères et des immondices qui envahissent le soir les boulevards et certains quartiers, elle arrête bêtement d'honnêtes femmes et signe elle-même son arrêt de mort. Il y a des missions délicates qui exigent du temps, du flair, de l'habileté.

L'extirpation du cléricalisme est une de ces missions. Aussi, malheur à vous ! malheur à nous ! si vous vous trompez ! Malheur à la République ! si pour arracher cet ulcère vous broyez le sein où des millions d'âmes aiment à aller chercher leur nourriture et leur bonheur ! Nous tremblons que votre main, si habile à disséquer des chiens ou des crocodiles, ne s'égare dans ses nouvelles recherches. Il nous semble que quand vous nous parlez de religion, de Dieu, de prêtres, vous n'êtes plus vous-même. On dirait que vous avez la fièvre. Votre parole est saccadée, votre pouls agité, votre main est nerveuse, tremblante. Vous perdez tout sang-froid, *vous vous emballez !*

M. Joseph Prudhomme s'occupe de questions militaires. Il lit les fastes de notre armée, et la campagne de Tunisie a surtout le don de l'enthousiasmer.

Il en rabat les oreilles de son épouse. Celle-ci lui dit un jour :

— Mais, enfin, les soldats, ces pauvres enfants, ils doivent être bien malheureux, ils doivent bien souffrir sous ce soleil brûlant dans les déserts sans arbres...

M. Joseph Prudhomme sourit avec hauteur :

— Ils ont l'ombre du drapeau !

Prenez garde, monsieur le ministre, de tourner au Joseph Prudhomme.

Il vous semble qu'arrivé au comble de vos vœux, tout va marcher au gré de vos désirs et que votre dictature ne sera contrariée par personne. Or, c'est une loi de l'histoire que les dictatures ne sont jamais longues, surtout quand elles n'ont aucun titre à l'admiration des hommes ; et celles qui commencent, comme la vôtre, au milieu du désappointement universel et des sourires ironiques de l'étranger, ne sauraient se flatter d'un long et brillant avenir.

Vous avez cependant une belle mission à remplir. Vous êtes convaincu, ardent, entreprenant. Vous savez ce que vous voulez, vous devez réussir. Mais prenez garde de prendre le Pirée pour un homme. Votre méprise serait la ruine de la démocratie. Après tout, on vous a fait la partie belle. De toutes parts, en effet, on s'attend à un nouveau massacre des Innocents, à une Saint-Barthélemy des catholiques. On demeure convaincu que votre nom est une menace pour la religion, une provocation aux catholiques, un défi à l'opinion. Je crois qu'on ne vous connaît pas et qu'on sera agréablement surpris, quand on constatera par vos actes que le ministre des cultes a oublié les hardiesses du pamphlétaire et qu'il ne s'est inspiré que des intérêts du pays et non de ses rancunes personnelles (1).

Vous me permettrez, monsieur le ministre, de ne pas m'en tenir à cette première lettre, et de vous dire tout ce que je crois être la vérité.

Veuillez agréer, monsieur le ministre, etc.....

---

(1) C'était en juin 1872.

Mgr Dupanloup, évêque d'Orléans et député, avait présenté, au cours d'une discussion à la Chambre sur un projet de loi militaire, un amendement ainsi conçu :

« Les ministres de la guerre et de la marine assureront par des règlements aux militaires de toute arme le temps et la liberté nécessaires à l'accomplissement de leurs devoirs religieux. Ces règlements seront insérés au *Bulletin des lois.* »

Or, quel nom trouvons-nous, sinon apposé au bas de cet amendement, du moins le ratifiant par un vote inoubliable ?

Le nom de Paul Bert !

Quantum mutatus !

DEUXIÈME A M. PAUL BERT

MINISTRE DES CULTES

Monsieur le Ministre,

Le suffrage universel est comme le mirage. Ses apparences sont trompeuses, *bien fol est qui s'y fie*. Il est très rare, en effet, que le peuple sache ce qu'il veut. Ses revendications sont toujours enveloppées de nuages, parce qu'il compte sur les savants pour les traduire en conclusions pratiques. Si vous lui demandez en particulier ce qu'il pense de la religion, il vous répondra qu'il ne veut plus de cléricaux parce qu'il a horreur des tyrans ; mais qu'il veut garder ses curés et ses églises ! Et si vous lui affirmez que le meilleur moyen d'arriver à ses fins, c'est de séparer l'Eglise d'avec l'Etat, et de supprimer le budget des cultes, il ne vous contredira pas, parce que vous êtes plus savant que lui, et qu'après tout, il vous paye pour réaliser ses projets. Il vous croira donc sur parole. Voilà ce que je veux, débrouillez-vous !

Débrouillez-vous !

Il y a de cela onze ans passés, le peuple italien, entraîné par Garibaldi, s'emparait de Rome, et en faisait la capitale du royaume d'Italie. Cela paraissait admirable. Aujourd'hui, le gouvernement italien est au désespoir d'être à Rome. S'il trouvait une issue pour s'en aller, il bouclerait ses malles à l'instant.

Le grand patriote italien, Massimo d'Azeglio, écrivait de Cannero en 1862 à M. Eugène Rendu : « *Si l'Empereur nous délivre de Rome capitale, ce sera un aussi grand service que Solférino.* »

Le comte Cavour avait dit à un intime : « *Il faut faire grand bruit autour de Rome, et ne jamais y aller.* »

D'Azeglio et Cavour avaient raison. Pour faire l'unité italienne, il était nécessaire de grouper toutes les activités autour de la croix de Savoie. Les exaltés exigeaient qu'on la plantât au Vatican. Cavour, qui était un politique, fit semblant d'encourager leurs espérances et put utiliser de la sorte Garibaldi et sa bande ; au fond, il lui répugnait de s'emparer de Rome. Les circonstances malheureusement l'entraînèrent plus loin que ses calculs, et la diplomatie européenne, longtemps indifférente et oublieuse, commence à comprendre qu'il y a à Rome une question qui n'est pas résolue et qui devient chaque jour plus grave.

Il y a eu là, en effet, un effort trop violent. On aurait laissé Rome au pape, l'unité italienne était consommée. L'œuvre est maintenant compromise par le fait de quelques braillards qu'il a fallu récompenser et encourager.

Vos tentatives *strictement concordataires*, monsieur le ministre, auront le même sort.

Vous seriez concordataire, il n'y aurait qu'à vous en féliciter. *Strictement* n'est ajouté par vous que pour réjouir les ennemis de l'idée religieuse. Ce n'est pas un cri de paix, c'est un cri de guerre, que vous poussez.

Le *Concordat* est une œuvre de pacification. Le *Concordat strict* est une déclaration de guerre. Et la preuve, c'est qu'à peine avez-vous poussé ce cri que messieurs Jules Roche, Boysset, Corentin Guyho, Bernard Lavergne ont répondu par des projets de loi, tous plus strictement concordataires les uns que les autres.

En France, nous le croyons du moins, ces projets de loi ont votre approbation, et sont la traduction fidèle de vos pensées. Eh bien ! laissez-moi vous le dire, avec franchise, monsieur le ministre, on vous engage dans une voie périlleuse.

Avant de faire voter la suppression du budget des cultes et la séparation de l'Eglise d'avec l'Etat, vous allez, paraît-il, vous renfermant dans la lettre stricte du Concordat, supprimer toutes les allocations faites au clergé, depuis quatre-vingt ans, fermer tous les couvents sans distinction, rompre avec des traditions sages, déjà anciennes et qui ne choquent personne. Quel sera le résultat de ces mesures? De détacher de la République quantité de conservateurs, qui, comme moi, se ralliaient loyalement à une forme de gouvernement qui, sans avoir nos sympathies, s'impose à nous. Que voulez-vous? Monsieur le ministre, le Français a horreur des gouvernements tatillons, mesquins.

Le *cléricalisme* exploitera habilement la persécution légale que vous lui préparez, et la lutte n'en deviendra que plus violente.

Avez-vous fait attention au résultat auquel vous êtes arrivé en laïcisant les écoles, et en supprimant certaines allocations aux évêques? Comme par enchantement, les écoles chrétiennes ont surgi de tous côtés et la charité des fidèles a comblé le déficit des caisses épiscopales.

Je me trouvais il y a deux jours en chemin de fer avec un curé et un maire des environs d'Orléans.

La conversation s'engagea sur ces questions. Le maire, qui n'est ni un clérical, ni un dévot, à cette pensée qu'on pourrait fermer l'église de son village, s'écria tout à coup : « Pour le coup, si c'est vrai, monsieur le curé, je vous déclare que j'irai à la messe tous les jours, rien que pour faire de l'opposition. »

Comprenez-vous, monsieur le ministre, qu'en effet vos mesures *strictement concordataires* fermeront, au moins momentanément, plus de trente mille églises de village, et que le cléricalisme, encore un coup, aura beau jeu pour essayer de ruiner la République?

M. Mancini disait ces jours derniers à un ambassadeur: « Léon XIII nous rend un fameux service en ne paraissant point dans les rues de Rome, car nous ne serions pas maîtres de réprimer les manifestations radicales. »

Comprenez-vous, monsieur le ministre, que grâce à vous, aux vivats des radicaux, les cléricaux répondront par des cris de mort? et qu'en jetant sur le pavé, sans ressource et sans abri, ces trente mille prêtres, au lieu de les enfermer dans leurs églises, vous amoncelez sur nos têtes des tempêtes, que vous serez impuissant à dissiper? Les faits du 13 juillet, lors de la translation des restes de Pie IX, ont été comme un coup de tonnerre, qui a réveillé l'Europe endormie, et l'orage gronde toujours autour du Vatican.

Je veux croire que vous n'en viendrez pas à des extrémités fâcheuses, et que vous saurez mettre tout en œuvre pour empêcher l'abrogation du Concordat, au moins de celui que vous affectez d'appeler le *Concordat strict*.

Eh bien! laissez-moi vous faire remarquer que ce Concordat strict est une pure légende, un mythe; que ce Concordat tel que vous le concevez, n'a jamais existé que dans votre imagination, et que moins qu'aucun autre gouvernement, la République n'a le droit de s'en tenir à ce singulier Concordat.

C'est Portalis qui a rédigé la loi de germinal an X.

Portalis était un ancien parlementaire.

Autrefois, c'étaient les Parlements qui réglaient la situation de l'Eglise avec l'Etat. La couronne, comme on disait en ce temps-là, avait bien fait à l'Eglise une belle situation en France, mais l'Eglise ne se mouvait pas sur le sol français au gré de tous ses désirs. Les Parlements l'endiguaient. Une congrégation religieuse voulait-elle s'établir, le Parlement étudiait ses statuts, les enregistrait, lui donnait droit de vie, mais se réservait le droit de mort. C'était devant lui que comparaissaient les chefs de la congrégation accusée, et c'était lui qui jugeait en dernier ressort.

Portalis fit une loi organique obscure, élastique, sciemment incomplète, pour transporter sur la tête de l'empereur le pouvoir discrétionnaire dont jouissaient les anciens Parlements. Mais Napoléon s'aperçut de bonne heure que Portalis avait manqué de sagacité. Chaque fois, en effet, qu'il se permettait de toucher à l'Eglise, celle-ci criait à la persécution, à l'arbitraire, et trouvait un écho dans le public. Elle regimbait, et tout Napoléon qu'il était, il se sentait impuissant à la mâter.

Que s'était-il donc passé? *L'idée démocratique avait succédé à l'idée monarchique.* Plus nous allons, en effet, plus le peuple limite les droits de ses mandataires. Plus nous allons, plus il veut que la loi soit précise, et il ne trouve pas indigne d'elle qu'elle descende jusque dans les plus petits détails. Il veut que quand on l'accuse, on lui montre le texte de la loi qu'il a violée. Il a horreur des gouvernements personnels. Il ne connaît que la loi. Or, la loi ecclésiastique, telle que Portalis l'a rédigée, était tellement incomplète que Napoléon fut lui-même obligé de l'achever au fur et à mesure des circonstances. Donc, limiter le Concordat à la loi de germinal an X, c'est remonter à cent ans en arrière, à l'époque des Parlements. C'est supprimer 89. Enfin, bien loin de restreindre cette loi, vous devriez, au contraire, la développer, l'étendre en raison même des circonstances nouvelles qui naissent avec le progrès des idées et l'expansion de l'idée démocratique. Le Concordat strict est une conception monarchique, et si vous en faites jamais la base de vos opérations cléricales, soyez assuré que vous allez à une déroute certaine (1).

Veuillez agréer, monsieur le ministre...

---

(1) M. Jules Simon, dans le *Gaulois*, avoue qu'il ne comprend pas bien ce que veut M. Paul Bert.

« Nous connaissions jusqu'ici deux systèmes : le Concordat et la séparation. On était pour l'un ou pour l'autre. M. Paul Bert est pour l'un et pour l'autre à la fois. Il commence par rétablir le Concordat de Napoléon selon sa forme et teneur, en resserrant très étroitement et en consacrant par une pénalité sévère les liens qui unissent l'Église et l'État, et il ajoute tout aussitôt qu'il est partisan de la séparation, qu'elle est son but final; que les partisans de la séparation doivent être ravis parce qu'il nous y achemine. Nous dirons seulement, pour aujourd'hui, que c'est un chemin fort singulier. Nous n'avions jamais entendu dire, avant M. Paul Bert, que le meilleur moyen de mettre un homme en liberté était de l'appliquer d'abord à la double chaîne. »

TROISIÈME A M. PAUL BERT

MINISTRE DES CULTES

Remarquez-vous, Monsieur le ministre, que l'émotion causée par votre apparition au ministère des cultes, bien loin de se calmer, grandit chaque jour davantage? Sauf la *République française*, pas un journal ne vous est sympathique.

Nous n'entendons pas, en effet, qu'on substitue l'intolérance anticléricale à l'intolérance cléricale. Nous pensons qu'une république qui n'est pas libérale n'est pas une république, de même qu'un gouvernement qui n'est pas conservateur, n'est pas un gouvernement.

Peut-être songez-vous déjà à nous réduire par le dédain, peut-être même croyez-vous devoir affirmer, par quelque coup d'autorité, que vous n'avez besoin de personne, et que vous seul suffisez à votre tâche. Il faut, dites-vous, *remonter le courant*, il faut rompre avec cette *molle indulgence*, à laquelle on est habitué depuis si longtemps.

Les gouvernements précédents n'ont rien fait de sérieux et de durable.

Moi seul sais ce qu'il convient d'entreprendre, moi seul saurai mener l'œuvre à bonne fin.

Puissiez-vous, monsieur le ministre, ne pas vous abuser et faire œuvre qui dure!

Malheureusement, vos débuts ne présagent guère les succès que vous rêvez, et, malgré votre promesse d'être « à l'abri de deux excès, dont l'un est odieux et l'autre ridicule : la violence et la taquinerie », je demeure convaincu que vous serez tracassier, taquin, j'allais presque dire grossier et violent.

Dans les allocutions sans nombre, sous lesquelles vous avez noyé vos subordonnés — on en compte, si je ne m'abuse, quinze ou seize, dont plusieurs sont des harangues de longue haleine — vous vous révélez à nous sous un jour peu favorable.

Que voulez-vous, en effet, que nous pensions, Monsieur le ministre, de ce grand-maître de l'Université, qui, dans la réception de ses fonctionnaires, tourne le dos aux professeurs de théologie catholique, pour saluer les théologiens protestants et leur dire qu'ils valent cent fois mieux que les premiers : puis, quand il a devant lui des instituteurs libres laïques, qui s'oublie jusqu'à déclarer que les instituteurs congréganistes sont les ennemis de la liberté, et qu'ils « ne sont pas Français ! »

Que les théologiens catholiques et les congréganistes ne vous soient pas sympathiques, je le comprends, et je partage même vos sentiments jusqu'à un certain point, mais convenait-il de les appeler auprès de vous, avec ordre de vous présenter leurs hommages, pour les assommer de la sorte ?

Pensez ce que vous voulez de leurs doctrines, demeurez convaincu que l'histoire d'Adam et d'Eve est un conte de la mère l'Oie; que le bon Dieu n'a jamais existé; que la création du monde est une fable ridicule; qu'Abraham est un ruffian; que les dogmes catholiques sont ineptes; que la Révolution est l'avènement d'un nouvel Evangile; que la science est tout, que la religion n'est rien, et que ce que croient et répandent les prêtres est le dernier mot de la stupidité et de l'immoralité; enseignez-le dans vos livres, dans vos discours, partout où vous le pourrez, c'est votre droit, mais pour Dieu ! soyez bien élevé.

Je me demande ce que vous auriez pu répondre à M. l'abbé Loyson, s'il vous avait rappelé aux convenances, et si devant tout le monde il vous avait prié de lui présenter des excuses. Car vous l'avez insulté grossièrement, et qui plus est gratuitement, non seulement lui, mais tous ceux qui portent la robe ecclésiastique. Est-ce qu'une politesse, en effet, n'en vaut pas une autre? Je regrette d'avoir à vous le dire, Monsieur le ministre, mais, bien que vous vous en défendiez, ce jour-là, déjà, vous avez été « odieux et ridicule. »

C'est pis encore quand vous avez exposé devant le personnel de la rue de Bellechasse vos idées sur le ministère des cultes (1). J'avoue

---

(1) Le *Journal officiel* du 26 novembre 1881, publie le discours de M. Paul Bert, ministre des cultes, en recevant le personnel de ce département que lui présentait M. Flourens.

« Monsieur le directeur,

« Je vous remercie de vos paroles, j'en prends acte. Je connais la double autorité

que si j'étais prêtre, employé dans vos services à un titre quelconque, je vous aurais à l'instant même remis ma démission. On
n'insulte pas les gens, comme vous vous êtes permis d'insulter le
clergé.

Eh quoi ! vous n'avez pas hésité à traiter vos administrés comme
des malfaiteurs, en donnant à votre département un nom que Fou-

---

qui s'y attache, celle de vos mérites et de votre expérience. Je saisis cette occasion de
vous exprimer la gratitude du gouvernement républicain pour les services signalés que
vous lui avez rendus dans ces délicates fonctions, qu'aujourd'hui vous résignez volon-
tairement.

« Dans les conditions où j'arrive aux affaires, devant les attaques passionnées dont
je suis l'objet, attaques où le ridicule est mêlé à l'odieux, cet entretien doit être autre
chose qu'un simple échange de démonstrations de dévouement d'un côté, et de bien-
veillances de l'autre. Certaines explications sont nécessaires pour vous, pour moi, pour
ceux qui les liront.

« On a fait grand bruit autour de mes sentiments personnels : ceux qui ignorent le
plus ce qui se passe au fond de moi sont ceux qui en ont parlé avec le plus d'assu-
rance. Le ministre des cultes ne doit être, dans ses fonctions de ministre, ni religieux
ni anti-religieux. Son ministère n'est point affaire de doctrine. Si ceux qui m'attaquent
avaient été inspirés par un véritable souci de la religion et non par une passion politique, ce n'est pas mon arrivée ici qui eût pu les effrayer ; c'est mon arrivée au ministère de l'éducation nationale. Quant à celui-ci, c'est simplement, en donnant au mot
« police » son acception la plus élevée, un ministère de police générale des cultes.
C'est à ce point de vue, non à celui des doctrines, que je me placerai.

« Par police générale des cultes, j'entends la surveillance de l'exécution des lois qui
règlent les rapports des Églises avec l'État. Le manifeste du gouvernement aux Chambres
a formulé cette tâche en ces termes : « la stricte exécution des lois concordataires. »

« Au commencement de ce siècle — ce n'est pas pour vous, messieurs, que je
rappelle ces principes élémentaires — un contrat fut librement consenti entre le repré-
sentant de la nation française et le chef infaillible d'une Église immuable, pour laquelle
un laps de quatre-vingts ans n'est qu'un instant dans le passé : ce contrat, c'est le
Concordat.

« Puis, annexés à ce Concordat, faisant corps avec lui et acceptés comme condition
nécessaire du vote parlementaire, furent établis les articles organiques. Ces articles
sont lois de l'État ; à leur sujet, les représentants de l'Église n'élevèrent sur l'heure
que des réclamations sans énergie. Ainsi se trouvaient stipulées les conditions d'existence de l'Église catholique au sein de la société civile. A ce prix, elle échappait à un
schisme, — je ne dirai pas quasi triomphant, par égard pour elle, — mais à coup sûr
redoutable.

« Depuis cette époque, profitant des évènements, parfois même de nos désastres
publics, et toujours des faiblesses gouvernementales, l'Église a réussi à superposer, au
contrat primitif, des lois, des décrets, des ordonnances, qui sans cesse ont augmenté
ses privilèges et sans cesse restreint les droits de la Société civile et de l'État. Bien
plus, cette législation, même ainsi modifiée, le gouvernement, dans la pratique, l'aban-
donnait encore.

« Sous ce dernier rapport, messieurs, l'administration de M. le conseiller d'État a
ramené les choses à l'état légal, et a rétabli l'exécution des lois actuelles. Aujourd'hui,

ché lui-même, à l'époque la plus autoritaire du siècle, n'aurait jamais osé donner « *le ministère de police générale des cultes*. »

Et vous ne voulez pas que de toutes parts on vous accable de reproches et qu'on ne considère pas votre élévation au ministère comme une ruine et une désolation?

Sur la fin de l'empire, Mme Minck pérorait déjà dans les clubs, et son thème perpétuel était l'émancipation des femmes.

— Nous voulons, s'écriait-elle un soir, nous voulons nous affranchir du *bât* que nous impose la tyrannie des hommes depuis tant de siècles.

---

nous avons, au point de vue politique, à faire davantage : il ne s'agit plus d'une jurisprudence à reconstituer, il faut remonter ce courant où s'en allaient à la dérive les droits de l'État; il faut dépouiller le pacte concordataire de ces additions qui n'ont jamais été qu'au bénéfice d'une des parties contractantes. Il s'agit enfin d'en revenir au Concordat lui-même et aux articles organiques qui en font partie intégrante.

« Ce n'est pas, messieurs, quoi qu'on en ait dit, que nous ayons pour les concordats une espèce de fétichisme ; nous n'examinerons pas si Bonaparte a eu, oui ou non, raison de régler, comme il l'a fait, les relations de l'État avec l'Église. Ici, nous ne faisons ni de la théorie, ni de l'histoire; nous faisons de la politique. Seulement nous voyons dans le Concordat la garantie la plus sûre contre les envahissements de l'Église catholique, qui marche constamment en avant. Nous voyons, dans sa stricte exécution, la ressource la plus certaine pour ajourner à son temps ce grand mouvement qui commence dans le pays et qui nous porte vers la séparation de l'Église et de l'État, mouvement qui n'a eu pour raison d'être que le spectacle des faiblesses des unes et des intempérances des autres.

« Nous ne projettons pas non plus la constitution d'un clergé national : ce fut là un rêve de Bonaparte, rêve dont on trouve dans son œuvre bien des traces, telles que le Catéchisme napoléonien.

« Nous ne voulons pas, nous, faire de l'Église un instrument de règne, et de ses ministres une espèce de gendarmerie sacrée, chargée de ramener les âmes dans le giron de la dynastie impériale.

« Nous ne voulons pas nous immiscer dans les relations de ses prêtres entre eux, en dehors de ce qu'a réglé le pacte concordataire. Et même, s'il y a à abandonner dans la pratique quelque chose dans les lois concordataires, c'est ce qui touche à la discipline intérieure et aux dogmes de l'Église, c'est ce qui peut porter atteinte à la liberté des consciences.

« Tels sont nos principes, Messieurs. Dans la pratique, nous nous tiendrons à l'abri de deux excès, dont l'un est odieux et l'autre ridicule : la violence et la taquinerie. Tout ce qui s'est dit à cet égard à propos de mon nom s'évaporera : on verra que je ne suis pas un révolutionnaire brouillon, mais un homme élevé dans le culte de la science et de la loi.

« Pour mener à bien ma tâche, j'ai besoin de vous. Non que je vous demande une approbation secrète pour tout ce que je pourrai faire : je ne demande de vous que l'accomplissement des devoirs du fonctionnaire, qui n'engagent point l'intimité de la conscience. La nation, au nom de qui, si chétif que je sois, j'ai l'honneur de parler ici, m'a donné les pouvoirs nécessaires pour faire obéir sa volonté souveraine. J'espère que je n'aurai pas besoin de m'en servir. »

Un inconnu lui succède immédiatement à la tribune et répond ces simples mots :

— En réponse à ce que vient de dire la préopinante, je vais faire une contre-proposition. Je demande qu'on nous affranchisse à notre tour d'un *bât* encore plus désagréable : le bas-bleu !

Nous travaillons, nous, depuis dix ans, à détruire le *cléricalisme ultramontain*, c'est-à-dire la superstition, la bêtise, l'intolérance élevées à la hauteur d'une institution religieuse, par des tripoteurs éhontés qui s'en font un piédestal et une source de revenus ; et nous aurions à sa place le *cléricalisme athée* ! Aux cléricaux intolérants succéderaient les anticléricaux autoritaires ! Sachez-le bien, Monsieur le ministre, nous ne voulons ni des uns, ni des autres. Nos épaules sont des épaules d'hommes libres, et d'où qu'il vienne le *bât* nous blesse. L'émancipation des femmes, telle que la rêve Mᵐᵉ Minck, est une bêtise ; votre émancipation des consciences, telle que vous nous l'avez exposée est une chinoiserie ! Bien plus, je commence à croire que vous vous moquez de nous comme Mᵐᵉ Minck de ses auditeurs, et que le premier venu aura raison de vous avec un calembour.

— Accusé, disait un jour à un pauvre hère, traduit à la barre de la police correctionnelle, un brave homme de président, vos antécédents ne sont pas mauvais ; nous avons même sur vous des renseignements qui sont favorables. Comment se fait-il donc qu'ayant été si longtemps honnête vous n'ayez pas persisté ?

— Mon président, j'avais peur de me faire remarquer.

Est-ce que, par hasard, ce ne serait pas là le secret de votre haine contre tout ce qui rappelle Dieu ? Est-ce que ce ne serait pas parce que vous avez peur de vous faire remarquer dans un certain monde, que vous dépassez toutes les limites ; celles des convenances comme celles du sens commun ? Et c'est cela ce que vous appelez *faire grand* ? Si encore vos rêves étaient réalisables !

Lisez ce qu'en pense l'*Intransigeant* :

« Des paroles de M. Paul Bert, il résulte qu'il est absolument concordataire. Son but est de revenir au Concordat lui-même et aux articles organiques qui en font partie intégrante.

« Des mêmes paroles du même M. Paul Bert, il résulte également qu'il ne projette en aucune façon la constitution d'un clergé national. Ce fut là, dit-il, un rêve de Bonaparte.

« Nous nous permettrons de demander au savant ministre de l'instruction et des cultes, ce qu'il entend par ces mots : Concordat et clergé national. L'un, nous semble-t-il, est la conséquence obligée de l'autre. Nous ne pouvons supposer que M. Paul Bert ait l'intention d'employer les deniers de la République à subsidier des prêtres ultramontains dont tous les efforts tendraient au renversement du gouvernement qui les paie.

« Et si M. Paul Bert n'a pas cette intention, nous nous demandons ce qu'il entend par un clergé antinational et néanmoins rigousement soumis au Concordat.

« M. Paul Bert commencerait-il déjà à faire de la métaphysique? »

. . . .

On a fait apprendre à Lili, à l'occasion de la fête de sa grandmère, la fable le *Loup et l'Agneau.*

Hier, Lili se plante devant sa grand-maman, et commence sa déclamation.

Arrivée au milieu de la fable, elle s'arrête tout court.

Eh bien! ma chérie, tu ne continues pas? Tu ne sais donc plus?

— Oh! si, bonne maman; mais la fin est trop triste.

Je voudrais faire comme Lili, monsieur le ministre, et m'arrêter, parce que la fin est trop triste! Oui, la fin de cette campagne, dont nous espérions si grand profit pour la France, que nous avions ménagée à M. Gambetta, parce que nous avions confiance en lui, et que nous prévoyons devoir se terminer comme un désastre, est triste! profondément triste !

Encore une fois, je voudrais me taire, mais la douleur me gonfle le cœur, à la pensée que toutes nos espérances sont déçues, et qu'il nous faut abandonner nos positions pour les rendre à l'ennemi, et que c'est vous qui nous trahissez. Napoléon III, à bout de prestige, ne nous jeta dans les hasards d'une guerre avec l'Allemagne, d'où la France est sortie mutilée, abaissée, humiliée, que parce que ses conseillers lui avaient répondu du succès de l'entreprise. Malheureusement rien n'était prêt ; à chaque instant, on se heurtait contre des difficultés qu'on n'avait pas prévues, et chaque soir nos malheureux soldats étaient obligés de se replier en bon ordre, abandonnant à l'ennemi les positions qu'ils avaient conquises au prix des plus héroïques sacrifices. Nos troupes étaient pleines d'entrain, pleines d'espérance, mais elles manquaient de chefs ! On courait à l'aveugle; chaque jour voyait naître un plan nouveau, et chaque jour aussi s'achevait avec une déception nouvelle.

Ce qui s'est passé en 1871 avec l'Allemagne va recommencer avec le cléricalisme.

Il y a onze ans, nos troupes quittaient leurs foyers en criant : A Berlin ! et de fait, elles croyaient y entrer triomphantes.

Les troupes que nous avions réunies auprès de M. Gambetta pour réduire le cléricalisme, et qui avaient eu confiance en lui et en nous, s'aperçoivent aujourd'hui qu'on les a trompées, que ce n'est pas pour l'honneur de la France que nous les avions enrôlées, et qu'en tous cas, elles n'ont pas de chef sérieux et expérimenté. Voilà pourquoi vous resterez seul sur la brèche, et voilà pourquoi je considère que la campagne est finie.

Mais, retenez bien ceci, M. le ministre, vous pourrez bombarder le clergé tant que vous voudrez avec votre « Concordat strict », vous ne l'entamerez pas d'une ligne. Vous aurez beau enregistrer vos succès, ils vous seront plus funestes que des défaites.

« L'économie des paroles, a dit Michelet, profite à l'énergie des actes ». J'aurais voulu moins de discours, moins de promesses de votre part; un homme maître de lui et digne de sa mission. A la place, on nous a *imposé* un autoritaire, convaincu que, nouvel Atlas, il porte le monde clérical sur ses épaules, et qu'il peut le renverser d'un froncement de ses sourcils. Les hommes de cette sorte, M. le ministre, peuvent briller à la parade, mais leur place n'est pas où M. Gambetta a eu la faiblesse de vous laisser installer de force, au ministère des cultes (1) !

Veuillez agréer, Monsieur le ministre,

---

(1) Nous lisons dans la correspondance parisienne du *Journal de Genève :*
« J'ai appris par des sources autorisées que M. Gambetta avait *grondé* M. Paul Bert pour son discours imprudent à la Faculté de théologie protestante; c'est à cette sommation que serait due la suppression dans l'*Officiel* de la partie peu bienveillante de son allocution.

« On espère toujours que l'orage annoncé pourra être conjuré, au moins dans sa menace principale et son danger prochain. Les foudres ministérielles ont frappé plus subitement les hauts employés de l'administration des cultes. M. Rozan, qui, après quelque vingt ans et plus de services distingués à l'administration du culte protestant, était arrivé à une division du culte catholique, s'est vu renvoyé du jour au lendemain, sans aucun avis préalable, sans avoir été appelé par le ministre, et n'a appris que par l'*Officiel* qu'il devait, le jour même, quitter le ministère. »

Le cas de M. Rozan n'est pas isolé, et nous pourrions citer tel autre membre de l'administration qui a appris sa disgrâce par un pli déposé sur son bureau.

QUATRIÈME A M. PAUL BERT

MINISTRE DES CULTES

Monsieur le ministre,

Quelques personnes paraissent surprises de la grande liberté avec laquelle je me permets de vous dire la vérité. Évidemment ces personnes ne vous connaissent pas. Elles semblent ignorer que plus un homme est intelligent, moins il redoute la critique, et plus vite il en fait son profit.

On disait à un écrivain, qui a été violemment attaqué et qui n'a triomphé qu'après avoir longtemps lutté :

— Ces critiques ont dû vous être bien pénibles ?

— N'en croyez rien, reprit-il, la réputation se fait de ces sortes d'attaques. Je me suis même bâti, ajoutait-il en riant, un château avec les pierres qu'on a jetées dans mon jardin.

C'est que pour devenir grand homme, en effet, il faut avoir un heureux caractère, l'intelligence ouverte, du sens commun, une grande expérience des hommes, et se laisser déshabiller sans crier : « au voleur ! à l'assassin ! »

D'ailleurs, s'il est un régime sous lequel la courtisanerie ne peut avoir droit de cité, c'est celui que nous avons ; et nos ministres, bien loin de s'en formaliser, doivent au contraire s'applaudir de la vigilance avec laquelle nous les suivons pas à pas.

Si vous le permettez, M. le ministre, nous jetterons un rapide coup d'œil sur le chemin que vous avez parcouru depuis un mois.

Vous avez débuté par une série de harangues, quinze ou seize environ, dont toutes ne sont pas des chefs-d'œuvre de tact et de bonne éducation. On sent que vous avez la parole facile, imagée, alerte, colorée, ce qui fait qu'on vous écoute avec plaisir. Mais prenez garde ! l'hôtel de la rue de Grenelle et celui de la rue de Bellechasse ne sont pas des succursales du Cirque-d'Hiver, ni du restaurant Véfour.

Le personnel que vous recevez est, en général, bien élevé et instruit. Beaucoup de ceux qui sont aujourd'hui vos subordonnés étaient hier vos égaux, vos supérieurs mêmes, et la plupart le demeurent, sinon par la situation, du moins par le talent, le prestige et la foi républicaine. Ils ne supporteront pas que vous les traitiez avec le sans-gêne qui est peut-être toléré dans les réunions populaires ou après boire, mais dont un grand-maître de l'Université doit se préserver.

Plaisantez les curés devant le peuple des faubourgs, devant les instituteurs. Soit! Ces braves gens vous applaudiront à tout rompre sans savoir si ce que vous racontez est vrai. Du moment où c'est drôle, ils sont avec vous. Dix minutes après, ils ne se rappelleront pas un mot de vos joyeusetés, simple histoire de *rigoler!* Mais oser dire rue de Bellechasse, parlant comme ministre des cultes, que vous considérez systématiquement les gens, prêtres ou fidèles, qui font profession de foi catholique, comme du gibier de police correctionnelle, dépasse toute permission. On vous a pardonné une première fois, parce qu'on sentait que vous n'étiez pas encore entré dans la peau de votre rôle. Une autre fois on sera moins indulgent. On ne vous demande pas, en effet, de nous raconter ce que vous pensez des curés, ni quels sont vos griefs personnels contre les catholiques. Votre opinion, vos rancunes personnelles, n'intéressent que vous et quelques amis.

On vous a accepté comme ministre des cultes à la condition que vous traiterez les affaires cléricales de la France comme un homme d'expérience doit les traiter. Votre cabinet de ministre ne fait pas suite à votre laboratoire de professeur. Si dans celui-ci vous êtes maître d'expérimenter sur les sujets qu'on vous abandonne, dans celui-là on vous le défend. Sans doute, on eût mieux fait, encore une fois, de ne pas vous prendre. Vos antécédents ne vous préparaient guère au rôle que vous avez sollicité; mais puisque vous y êtes, montrez-vous à la hauteur de la situation.

Au reste, l'*Officiel* n'a pas enregistré la partie peu bienveillante du discours imprudent que vous avez adressé à la faculté de théologie protestante. C'est une leçon qu'il vous donne. Puissiez-vous en profiter!

Quelqu'un s'étant cru autorisé au début de la Convention à prononcer cette phrase : « Prêtre et République sont incompatibles. » Fauchet lui répondit : « Ceux qui parlent ainsi veulent rendre la

République impossible : car l'anéantissement de toute religion est, heureusement pour la société, d'une impossibilité absolue. » L'avertissement de Fauchet ne fut malheureusement pas écouté, et la République fut balayée.

Certains de vos actes, heureusement, valent mieux que vos harangues.

Vous avez pris un arrêté approuvant la décision du conseil municipal de Paris, qui retire aux frères de la doctrine chrétienne l'immeuble communal de la rue Oudinot, qu'ils détiennent depuis 1819, et où, non contents d'être logés aux frais de la ville, ils avaient établi une maison de santé qui n'avait rien de gratuit.

C'est le retour au droit commun. On ne peut que vous en féliciter. Je trouve néanmoins qu'il serait plus équitable, prenant le taureau par les cornes, de rapporter le décret de 1808 qui reconnaît l'Institut des frères comme établissement d'utilité publique, et de les décapiter résolûment plutôt que de les torturer à petit feu. C'est plus radical, mais c'est plus loyal.

Vous avez adressé une circulaire aux préfets pour leur prescrire d'exercer la plus grande surveillance sur les sermons qui vont être prononcés à l'occasion de l'avent. C'est légal, mais est-ce bien pratique?

Vous vous êtes entendu avec M. Gougeard, pour que désormais la direction de l'enseignement soit confiée à des maîtres laïques à l'école des pupilles de la marine de Brest.

C'est dans le courant des idées actuelles.

Vous avez rappelé les vicaires généraux de Besançon au respect de la loi de germinal, du décret du 28 février 1819, et des articles 258 et suivants du Code pénal. C'est parfait! Seulement vous avez trop laissé croire qu'avant vous cette législation cléricale était tombée en désuétude par suite de la *molle indulgence* des bureaux. Ne nous parons des plumes de personne! Personne, en effet, n'ignore que vos prédécesseurs n'étaient pas moins soucieux que vous de rappeler les vicaires capitulaires à l'observation de la loi et que vous n'avez fait que suivre les usages déjà en vigueur.

Quant au décret qui règle la situation des aumôniers dans les lycées et établissements d'enseignement secondaires, je vous ai dit déjà que c'était une absurdité, et que ce qui se faisait discrètement était préférable à ce que vous inaugurez si bruyamment, je n'y reviens pas.

Enfin vous avez engagé les préfets à protéger les instituteurs contre la tyrannie de certains desservants qui obligent ces braves gens à chanter au lutrin, tout en rappelant qu'aucune loi n'interdit à personne de répondre en faux-bourdon aux *Oremus* de M. le curé : c'est irréprochable.

Somme toute, vous avez été moins féroce qu'on ne le craignait, et je commence à croire que vous valez mieux que votre réputation.

Un mot, monsieur le ministre, résume toutes les aspirations de notre société : *le droit commun pour tous,* sans restriction pour certains suspects, sans privilège pour les favoris, surtout sans domination d'un parti au préjudice des autres classes de la société. L'Etat moderne n'est plus le maître, mais le serviteur des citoyens.

Quand Germain Casse disait : « La première condition pour être républicain, c'est de ne pas croire en Dieu, » il disait une sottise. Quand Proudhon s'écriait : « L'œuvre *suprême* de la Révolution au xix° siècle est d'*abroger* le catholicisme, » il en disait une autre. Quand vous avez endossé la simarre du grand-maître de l'Université, tout le monde s'est mis à trembler que vous ne soyez la troisième personne de cette étrange trinité, qui aurait eu nom *Proudhon, Casse, Bert*, et que vous ne traduisiez en actes ce que vos sombres collègues n'avait fait qu'exprimer en paroles.

Je veux croire que nous en serons quittes pour nos petits cris d'effroi, et que le ministre des cultes ne se souviendra jamais de certaines fantaisies un peu burlesque du député de l'Yonne.

On vous prête plusieurs projets, autour desquels la *bonne presse* fait grand bruit; l'application des décrets du 29 mars aux chartreux; l'élimination de certains articles de la loi de germinal, tombés en désuétude, et qu'il serait ridicule de ressusciter; une surveillance *effective* des congrégations dissoutes; une juste sévérité contre les ecclésiastiques qui, dans l'exercice de leur ministère, se permettraient de censurer les actes du pouvoir; l'abrogation des lois, décrets, ordonnances postérieures à 1802, de telle sorte que le Concordat et les articles organiques subsisteraient seuls; l'obligation du service militaire pour les séminaristes.

Le moment est solennel, M. le ministre. Tous les regards sont tournés vers vous. On recueille avec avidité vos moindres paroles. On épie vos actions. C'est moins à votre personne, qu'aux intérêts que vous représentez, que s'attache cette curiosité. Le moindre faux-pas peut vous être funeste.

Croyez que la France ne vous suivra pas, dès qu'il sera manifeste que vous poursuivez la religion et non ses exploiteurs, que votre but réel est d'affaiblir et, si vous le pouvez, de détruire le Christianisme.

Que l'histoire du centenaire de Voltaire vous soit un avertissement! Les organisateurs de cette manifestation pensaient moins à célébrer le génie d'un admirable écrivain, qu'à contrister les catholiques : leur public même ne les a pas suivis.

Que votre propre histoire vous instruise! Combien de conversions à la libre-pensée avez-vous opérées avec vos harangues endiablées du Cirque-d'hiver, et du restaurant Véfour?

Vouloir régir l'homme, animal religieux, sans religion, est la plus déraisonnable des chimères.

Saint-Simon et Auguste Comte avaient débuté par éliminer l'élément théologique de leurs conceptions réformatrices; à la fin de leur vie, lorsque de la prédication individuelle ils tentèrent de passer à l'action sociale, tous les deux revinrent aux formes religieuses : Saint-Simon proposa le nouveau christianisme, Auguste Comte l'immortalité subjective. Proudhon, après avoir soutenu que Dieu c'est le mal et toute religion l'abêtissement de l'espèce humaine, trop sensé pour se faire fondateur de secte, en vint à conseiller le respect du catholicisme, *la plus religieuse des religions!*

La Fontaine l'a écrit dans *le Rat et l'Huître* :

Cette fable contient plus d'un enseignement :
Nous y voyons premièrement
Que ceux qui n'ont du monde aucune expérience
Sont, aux moindres objets, frappés d'étonnement;
Et puis nous y pouvons apprendre
Que tel est pris qui croyait prendre.

Veuillez agréer, monsieur le ministre...

FINIS REIPUBLICÆ

La Russie traverse en ce moment une crise qui n'est pas sans analogie avec celle que nous traversons nous-mêmes.

Un vent de révolution souffle sur tout l'empire.

Du fond de son palais de Gatchina, le nouveau tzar, incertain, irrésolu, voit grandir la tempête, et ne sait pas comment la conjurer. La Russie ne se sent plus gouvernée. Tous les liens se relâchent. Les passions contraires, jusqu'ici contenues par le pouvoir, se déchaînent. C'est un conflit imminent entre toutes les classes, toutes les opinions, toutes les religions.

L'avènement au pouvoir du parti slavophile, dont l'empereur est l'âme, est la cause de ce résultat lamentable. Les chefs du mouvement slavophile, les professeurs et les journalistes de Moscou, les Aksakoff, et les Khatkoff n'ont pas assez de malédictions pour la mémoire de Pierre-le-Grand. A les en croire, il faut rentrer dans le courant traditionnel de la *vie russe*, sacerdotale et tzarienne, et pour cela renvoyer à l'occident les institutions, les mœurs et les idées importées en Russie depuis deux siècles. L'aristocratie et les classes lettrées, étant imbues de l'esprit occidental, doivent disparaître. L'heure de l'avènement de la sainte Russie, *autocratique et populaire* a sonné.

Le résultat de ces prédications fanatiques a été ce qu'il devait être. A force de se voir encensé par les écrivains, chanté par les poètes (Nékrassoff, Kaltzoff), déifié par les romanciers (Dostoïevsky, Boborykine), le paysan a commencé à prêter une oreille complaisante à cette apothéose. On l'invitait à mépriser l'étranger, le schismatique, l'aristocrate, le bourgeois, le propriétaire. Il a compris, et comparant sa misère à l'opulence des classes aujourd'hui tombées en défaveur, il a marché.

Mais le Slave a l'esprit pratique. S'attaquer aux grands propriétaires, aux anciens seigneurs, aux descendants des boïards, il ne le pouvait pas. S'attaquer aux étrangers, lui était encore plus difficile. Il comprenait d'instinct que le gouvernement ne permettrait guère qu'on le brouillât avec les ambassades. Restaient le musulman et le juif. On tomba sur les musulmans à Rostoff-sur-le-Don, à Azow, à Kazan, en Crimée. Mais le musulman est un pauvre hère, sur lequel il n'y a rien à piller. Le juif offrait une proie plus opulente et plus facile. Depuis longtemps exécré, et prêtant trop souvent le flanc à la critique, il était la victime naturellement désignée aux vengeances populaires. Elles ne se sont pas fait attendre. La « guerre aux juifs », dont on fait la théorie en Allemagne, a trouvé en Russie son véritable terrain d'application.

Voilà comment, il y a cinq ou six jours, le dimanche 13/25 décembre 1881, profitant d'une panique survenue, à la messe de Noël, dans une église catholique de Varsovie, le peuple s'est rué sur les israélites, et, pendant deux jours, a mis tous les quartiers à sac.

L'émeute à Varsovie! La nouvelle est assez grave, bien que le drapeau de la révolution soit aujourd'hui tout autre que celui de 1830. Mais ce qui aggrave encore la nouvelle, c'est que des symptômes non moins menaçants se produisent simultanément à Vilna, à Grodno, à Kowno, et jusqu'à Mohilew. C'est que, sur le terrain de l'antisémitisme, Russes et Polonais se tendent une main fraternelle. C'est que la *douma* (municipalité) de la grande ville d'Orel vient, au mépris de la loi, de la liberté civile et de la liberté des cultes, au mépris même des ordres impériaux (ce qui est ici bien plus grave), d'ordonner l'expulsion des dernières familles juives cantonnées dans la cité. C'est enfin qu'il vient de se fonder ouvertement à Kieff une *ligue antisémitique* (dans un pays où la libre association n'est nullement permise) et que cette ligue exerce une action réelle et redoutée, émet des programmes, réunit des fonds, anathématise les fonctionnaires récalcitrants et menace, si l'on n'y met bon ordre, de concentrer bientôt entre ses mains tout le gouvernement de l'Ukraine.

« Guerre à l'étranger, à tout ce qui n'est pas russe ou orthodoxe! Guerre à l'église latine, à l'influence allemande, au colporteur tartare et au banquier juif! » Tel est le cri du parti slave.

En France, le parti libre-penseur joue un rôle analogue. « Guerre à Dieu! Guerre à la religion! Guerre à tout ce qui croit, à tout ce qui pratique, guerre au cléricalisme! » Tel est son cri de ralliement. Qu'il prenne garde que l'orage n'éclate plus vite et plus meurtrier qu'il ne pense. Le peuple est comme le torrent qui, quand il a rompu ses digues, porte partout la dévastation et la mort. A force de se voir encensé par des écrivains affamés de popularité, comme Paul Bert et Talandier; chanté par des poètes comme Clovis Hugues ou Victor Hugo, déifié par des romanciers comme Rochefort, Maret, Léo Taxil, le prolétaire a fini par prêter une oreille complaisante à cette apothéose.

Encore enfant, il s'est mis à *blaguer* son père, et, un beau jour, il a déserté le toit paternel pour pouvoir fumer à son aise, avoir ses coudées franches et courir après les guenons. Ne lui a-t-on pas dit à l'école qu'il était un citoyen, qu'il était fait pour la liberté, et qu'il ne devrait surtout jamais plier le dos sous un joug? A seize ans, il s'enrôle dans la bande des *cravates vertes*, et fait trembler le prêtre, le bourgeois, l'aristocrate, tous ceux qui possèdent, par son audace et son cynisme.

Apprenti, ouvrier, il exècre son patron, et ne cherche qu'à lui nuire. Au moindre signal, il descendra dans la rue, il se débauchera, il se mettra en grève. N'est-il pas l'égal du patron? N'a-t-il pas droit, comme lui, au repos, au confortable, à la fortune, aux honneurs?

Marié, père de famille, il quitte l'atelier et prend pension dans un *Assommoir*.

Que ses enfants pleurent et crient la faim, parce qu'il ne les nourrit pas, que sa femme prenne un amant pour avoir une robe et un lit, il s'en moque. Au diable la paix, l'économie, le travail! est-ce que l'hôpital est fait pour les chiens? Est-ce que l'État ne doit pas faire vivre les malheureux? Est-ce que les riches ne sont pas les caissiers de cette grande banque qui a pour raison sociale *Crapule et C*? Si le riche résiste, enlevons-le! Si l'État grogne, bouleversons-le! Après tout, plus il y aura de grabuge, plus nous récolterons.

Assurément, le parti libre-penseur qui a vulgarisé ces théories arrive aujourd'hui à des résultats inattendus. Même pour lui, il croyait que ses plaisanteries sur Dieu, sur la religion, sur les riches et les classes dirigeantes, dureraient ce que dure une plaisanterie et qu'autant en emporterait le vent; malheureusement, il s'est trouvé dans ce parti des doctrinaires qui ont pris ces plaisanteries au sérieux, qui les ont rattachées à des principes sociaux, et qui en ont fait un corps de doctrine et de morale, qu'ils ont la prétention d'imposer à la France. Or, c'est là où est le danger, parce que pour s'imposer plus sûrement ils n'hésitent pas à recourir au mensonge, à la calomnie, à la force et à employer les mêmes moyens qu'ils reprochent à leurs adversaires.

Ils font comme le parti slave. Ils déclarent que parce qu'on est croyant, on cesse d'être Français; que parce qu'on veut une religion, on passe dans le camp ennemi; que la France doit renier son passé, sous peine de s'engloutir dans la superstition et l'abrutissement, et que l'avenir est à ceux qui nient toute croyance religieuse. Comme le parti slave, le parti libre-penseur court à la révolution. Celui-là perd la Russie, celui-ci tue la République.

L'avenir n'est pas plus aux *sectaires athées* qu'aux *théologiens ultramontains*. L'avenir est aux vrais libéraux, non à ceux qui ne grimpent au pouvoir que pour précipiter dans l'abîme ceux qui ne pensent pas comme eux, mais à ceux qui ont le respect de toutes les *libertés nécessaires.*

On m'assure que M. Gambetta commence à comprendre qu'on ne gouverne pas un pays comme la France avec des utopies, et qu'il se préoccupe maintenant de la question religieuse. Jusqu'à ce jour, il ne l'avait traitée que par le dédain. Il croyait de bonne foi que son souffle était assez puissant pour renverser toutes les croyances, et que, quand il aurait prononcé son *quos ego.....* papes, évêques, prêtres, fidèles, s'avoueraient vaincus.

Il n'en a rien été, et M. Gambetta, malgré la puissance de ses poumons, se déclare essoufflé. Le voilà, en effet, qui va défendre le Concordat, maintenir le budget des cultes, et qui prête attention aux agissements du Vatican. La *prêtraille* qui l'agaçait l'inquiète aujourd'hui à ce point qu'il se voit contraint de compter avec elle. Il sent que s'il voulait briser les vitres, il se blesserait le premier.

Je lui souhaite de comprendre qu'il y a quelquefois plus de courage à reculer à temps, qu'à s'entêter sans guide sur une route que l'on ne connaît pas, et que s'il aime la République, il doit prendre garde de ne pas la rendre méprisable.

Que les illusions des premiers jours après la victoire ne lui fassent pas oublier la réalité.

Un symptôme effrayant se manifeste en France, qui rappelle les derniers jours du Directoire, je veux parler du vide qui se fait autour de l'opportunisme.

Le parti conservateur manifeste plus que jamais son mépris et son dégoût par son éloignement. Chaque jour il se retire, mais il attend. Cette muette patience en apparence soumise est plus dangereuse que les emportements de la colère. En vain les meneurs du parti s'efforcent-ils de réveiller l'opinion par leurs attaques, leurs proclamations, leurs audaces, personne ne bouge, c'est à peine si l'on proteste.

Six semaines avant le 18 fructidor, la France ne combattait plus le Directoire, mais elle se refusait à lui. « Personne, a dit M. de Tocqueville, ne faisait plus d'efforts pour renverser la République, mais elle semblait avoir perdu la force de se tenir debout. » Elle chancelait, atteinte malgré sa jeunesse, de « ce mal sans nom qui n'attaque d'ordinaire que les vieux gouvernements, sorte de consomption sénile qu'on ne saurait définir autrement que la difficulté d'être. » — « Les nations modernes, a dit plus tard Benjamin Constant en parlant de cette époque, ont découvert pour se délivrer du joug qui leur pèse, un moyen que l'antiquité ne connaissait pas. Patientes, et même, quand on les y contraint, silencieuses, elles ne s'insurgent pas, elles attendent que le danger vienne soit du dedans, soit du dehors, alors elles retirent au gouvernement leur assistance. Il n'est pas renversé par elles; mais il s'écroule par ce qu'il n'est pas soutenu. »

L'ÈRE DES DIFFICULTÉS

Avec la rentrée des Chambres s'ouvre l'ère des difficultés. Questions, interpellations, discussion du budget, amèneront M. Gambetta à la tribune, et l'obligeront à dérouler son plan politique. Tant qu'il a pu garder le rôle d'opposant, M. Gambetta a triomphé; aujourd'hui, qu'il tient en main les rênes du pouvoir, son triomphe est incertain. Il est de ceux, en effet, pour lesquels la Roche Tarpéïenne est voisine du Capitole, non pas que le régime qu'il représente disparaisse d'une semaine à l'autre, mais on peut déjà démêler à travers les mouvements de l'opinion les premiers signes d'un retour qui ne paraît pas favorable à la politique du président du conseil.

On peut dire de lui ce que disait M. Thiers de Napoléon III, ce prince *visionnaire, sans scrupules, capricieux et téméraire, toujours placé entre quelque folie et l'amollissement des plaisirs,* comme on lui demandait ce que, selon lui, l'empereur allait faire, il répondit avec vivacité : « Je ne me risquerais pas à prédire la voie que suivra un être si étrange. Je ne peux voir la route qui le mènera à sa ruine : je sais seulement qu'il se ruinera. *Fata viam invenient.* »

M. Gambetta, lui aussi, court à sa ruine, à moins qu'il ne comprenne à temps que les nécessités du gouvernement n'ont rien de commun avec les passions de l'opposition, et qu'il n'abandonne résolûment la plupart de ses rêves. Il est fâcheux, par exemple, qu'il se soit laissé entraîner à soulever une de ces questions, comme le disait M. Thiers, devant lesquelles les gouvernements sensés reculent, la question religieuse, ce qu'exprimait le président de Moeller par cette phrase : « J'ai trop d'affaires délicates sur les bras pour y ajouter des questions religieuses. » Et quand M. Thiers et M. de Moeller parlaient ainsi, ils ne s'inspiraient ni du dogme, ni de la foi d'un croyant, ils parlaient en législateurs, en hommes d'État, en politiques persuadés qu'on n'entre pas impunément en collision avec les croyances religieuses, que le devoir d'un vrai gouvernement est de respecter tous les cultes dans leur principe, « les protestants dans leur principe, qui est le libre examen ; les « catholiques dans leur principe, qui est l'unité de la foi représen- « tée par le Pontife de Rome. »

Et que M. Gambetta n'objecte pas la force des choses, le progrès des idées, les droits de la conscience, l'intérêt national, le respect des principes !

Est-ce que la force des choses peut l'obliger, pour combler les espérances d'un parti, qui a ses sympathies sans doute, mais qui n'est qu'un parti, le parti libre-penseur, à prendre devant le pays la responsabilité d'une crise religieuse destinée à désoler les catholiques et à violer en eux la liberté de conscience ?

Et quand il parle d'intérêt national pour justifier ses procédés d'exclusion, c'est qu'il ne comprend pas qu'il est de l'intérêt de la France républicaine de rallier à sa cause la vieille clientèle catholique, à l'exemple de la Russie, qui a sa clientèle orthodoxe en Orient, de l'Angleterre, qui a sa clientèle protestante.

Je sais bien qu'il y en a qui affirment que l'idée religieuse repousse l'idée républicaine, qu'en particulier le catholicisme est l'ennemi de la société nouvelle, de la liberté de la pensée humaine, du progrès des idées, j'avoue que je n'en crois rien, et que je crois, comme M. Thiers, que le « catholicisme n'a jamais empêché de penser que ceux qui ne sont pas faits pour penser. »

En tous cas, je déclare que M. Gambetta se donnerait un rôle que personne ne lui a confié. Personne ne l'a chargé ni de réformer la religion, ni de la renverser : ceux qui le lui ont fait accroire, l'ont trompé. La pire politique serait donc de chercher auprès de quelques sectaires athées des applaudissements ridicules, aux dépens des intérêts de l'État, aux dépens du respect légitime dû à l'idée religieuse, dû à l'Église qui en est l'expression légitime, aux dépens surtout de la masse populaire près de laquelle rien ne peut remplacer les idées de respect, de justice et une aspiration constante vers l'idéal.

Avec cette politique, M. Gambetta entrerait dans une ère de difficultés, d'où je lui prédis qu'il ne sortira pas.

M. de Bismarck, sans aller à Canossa, revient sur ses pas. Il a fait des expériences qui l'ont averti, éclairé. Il a compris que, pour combattre les menées des socialistes et des révolutionnaires, ce n'était pas trop de la coalition de toutes les forces conservatrices du royaume, et que l'exaspération des catholiques ne pouvait profiter qu'à la démagogie, c'est pourquoi il change aujourd'hui de système et de méthode. Il ne se fait ni papiste, ni clérical, il reste allemand et protestant ; seulement, comme les intérêts dont il a la garde réclament le concours des catholiques, il leur fait des avances qu'il escompte déjà et qui lui rapporteront cent pour un.

M. Gambetta, pour faire alliance avec les catholiques, n'a besoin ni d'aller à la messe, ni de prendre un aumônier. Il peut croire ce qu'il veut, ne rien croire du tout si le cœur lui en dit, croire même que les religions dépravent le cœur de l'homme, que la vraie morale doit être fondée sur les sciences naturelles, et occuper ses loisirs à la recherche des *lois de la morale scientifique*, son opinion, comme ses passe-temps nous intéressent fort peu : ce qui nous préoccupe, c'est que la France ne soit pas à cause de lui sur un perpétuel volcan, et que sous prétexte de remporter des victoires cléricales, il ne nous rende pas ridicules et odieux.

Malheureusement si en Allemagne c'est la politique qui gouverne, en France c'est l'esprit de parti, et voilà, ce qui me fait dire qu'avec la session nouvelle, s'ouvre l'ère des difficultés.

M. de Bismarck, dans sa lutte contre l'Église, ne s'est jamais laissé entraîner par la passion dogmatique. Il n'est pas homme à s'échauffer pour ou contre une doctrine ; il n'est théologien que par occasion, et, comme on l'a dit, pour les besoins de la cause. S'il a fait des avances aux catholiques, c'est qu'il a calculé que ses négociations rapporteront à sa politique beaucoup plus de profit qu'elles ne coûteront de sacrifices à son orgueil.

Donnant, donnant, est le fond de sa politique.

En se réconciliant avec le Saint-Siège. M. de Bismarck se promet de mener à bonne fin ses combinaisons financières et de couronner l'édifice dont ses puissantes mains ont si laborieusement jeté les assises. Il espère, en outre, que la bienveillance du Vatican lui servira à faire la conquête morale de l'Alsace, et que le clergé, auquel le feld-maréchal de Manteuffel a soin de faire remarquer de quels égards on l'entoure, surtout s'il fait attention à ce qui se passe dans son ancienne patrie, lui prêtera son reconnaissant concours.

Au lieu du feld-maréchal, cet éminent homme de guerre doublé d'un éminent diplomate, et qui s'entend mieux que personne à pratiquer la politique de ménagements, nous avons, nous autres Français, comme ministre des cultes, un M. Paul Bert, qui ne s'est fait applaudir jusqu'ici, que parce qu'il a développé cette thèse : « *l'ennemi, c'est le curé!* » C'est ce monsieur qui, quand la question

4

religieuse sera soulevée à la Chambre, montera à la tribune, pour dire quoi? pour proposer quoi? Qu'il vient sans doute de découvrir à l'aide de son bistouri et de ses canules « les lois de la morale scientifique » et que, par conséquent, on peut mettre à la porte curés, capucins, sœurs grises, que la religion, comme tout ce qui s'y rattache, n'est qu'une balançoire dont, lui, Paul Bert, fera bon marché si on le laisse faire. En tous cas, on peut être certain que s'il demande le maintien du budget des cultes et du Concordat, parce que M. Gambetta l'exige, il le fera de si mauvaise grâce, et dans des termes si impertinents que les catholiques ne lui en sauront aucun gré.

Ainsi, au moment où le chancelier de l'empire germanique, faisant passer ses intérêts avant ses rancunes, s'applique à rendre à l'Allemagne la paix religieuse, tout en sauvegardant les droits de l'État, nous sommes exposés, en France, à ce que ceux qui disposent de nos destinées, soulèvent au sein du pays des tempêtes religieuses, en opprimant les consciences, en contraignant les minorités à passer sous leurs fourches caudines et en les transformant peut-être en majorités : car la persécution fait des miracles.

Que M. Gambetta médite les paroles quasi-prophétiques que M. Thiers adressait à l'empire, dans la séance du 3 mai 1866 : « Prenez garde..... vous n'avez plus une faute à commettre !... Et l'intérêt de la France? Montrez-nous donc l'intérêt de la France en tout cela !..... Nous sommes ici tantôt Italiens, tantôt Allemands, nous ne sommes jamais Français !..... — Je vous demande pardon de mon émotion; mais enfin si en Allemagne on était Français, si en Italie on était Français, je comprendrais que nous allions prendre fait et cause pour les Allemands et les Italiens; mais comme en Allemagne on est Allemand, et comme on est Italien en Italie, il faut en France être Français... »

LE SILENCE EST D'OR

On m'assure que j'ai été souverainement maladroit dans mes derniers articles, et que mon attitude vis-à-vis de M. Gambetta a attristé certains de nos amis politiques, qui, à une époque où la presse ultramontaine se déchaîne contre le président du conseil, n'ont pas compris, que je commisse l'impardonnable maladresse de prêter à mes adversaires l'appoint de mes critiques. Je regrette la peine que j'ai pu faire à des hommes que j'estime et les embarras que je leur ai créés. Une autre fois je me souviendrai que si la parole est d'argent, le silence est d'or.

Je suis loin cependant de me réjouir des difficultés que chaque jour on suscite à M. Gambetta, ni des attaques dont il est l'objet. Je ne suis ni avec les rouges ni avec les blancs, qui ne font pas de la politique, mais une simple chasse à l'homme. Je n'ignore pas qu'ils complotent de précipiter M. Gambetta du pouvoir, avant même qu'il n'en ait saisi les rênes, parce qu'ils comptent qu'un enterrement prématuré de leur plus dangereux adversaire leur permettra d'installer, sur le *char de l'État*, les uns la *Commune*, les autres le *Roy*.

Je suis de ceux qui ont applaudi à l'apparition de M. Gambetta aux affaires, parce que j'avais, et que j'ai encore confiance en lui. Je suis donc loin de demander sa tête. Lorsque je critique M. Gambetta c'est moins l'homme que ses tendances. Que M. Gambetta soit gras ou maigre, borgne ou presbyte, galant ou mal élevé; qu'il fume des cigares exquis ou du caporal, qu'il soit ceci ou cela, je m'en soucie peu. Ce qui m'importe, c'est qu'il fasse les affaires de mon pays. Sa personne n'est donc pas en cause, mais sa politique. Si la reconnaissance m'enchaînait à l'homme, je me connais assez pour savoir que s'il était attaqué je lui ferais un rempart de mon corps.

Je ne connais M. Gambetta que de réputation, je ne lui dois rien, et suis en disposition de ne lui jamais rien devoir.

On me reproche d'avoir imité nos adversaires et les siens, et de lui avoir prêté une politique religieuse, alors qu'il n'a encore rien dit.

On ne prête qu'aux riches, dit le proverbe.

Si donc j'ai cherché à interpréter le langage de M. Paul Bert, qui de tous les intimes de M. Gambetta, me paraît le plus autorisé à parler du Concordat, c'est qu'il m'a semblé que M. Gambetta avait été assez bruyant dans son passé, et que M. Paul Bert l'était assez dans le présent, pour que nous prévoyions ce que l'avenir nous réserve.

Mettons maintenant que le passé de M. Gambetta n'engage en rien l'avenir, que M. Bert s'agite comme une corneille qui abat des noix, que le président du conseil ne se souvient plus des boutades anti-cléricales du député de l'opposition, que des réformes religieuses sages, durables, utiles, font partie de son programme, je désarme aussitôt et j'attends.

LES MYSTÈRES DE LA RUE DE BELLECHASSE

I

M. CASTAGNARY

M. Castagnary n'est à coup sûr ni un ignorant, ni un naïf. Il a presque un passé. A l'académie du *Rat Mort*, il remplissait les délicates fonctions de secrétaire perpétuel sous le pseudonyme de *Castus ignarus*. C'est un titre! Et cependant, depuis qu'il *a mis le pied pour la première fois sur les marches du fonctionnarisme*, il n'a cessé de monter de déceptions en déceptions.

Quand M. Paul Bert s'installa au département des cultes, on se rappelle qu'il y remplit d'abord l'office d'une machine pneumatique. Personne ne voulait rester avec lui. Les démissions pleuvaient à la rue de Grenelle. Le premier moment de stupeur passé, plusieurs se ravisèrent et retirèrent leurs démissions. M. Flourens, malgré les instances de ses amis, quitta la direction des cultes. On se demandait avec autant de curiosité que d'inquiétude qui le remplacerait. On mettait déjà en avant les noms de plusieurs conseillers d'Etat, celui du préfet du Pas-de-Calais, lorsque le 29 novembre le *Soir* publia l'entrefilet suivant :

« Samedi dernier, M. Flourens, conseiller d'Etat, directeur général des cultes, démissionnaire, a remis le service entre les mains de M. Castagnary, son successeur désigné, bien que non encore officiellement nommé. »

Quand M. Gambetta le fit arriver il y a quelques années au conseil municipal, est-ce que cet excellent Castus ne vit pas ses collègues lui tourner le dos à sa première apparition dans la salle du conseil et répondre à ses avances par un silence glacial? Est-ce qu'en 1879, quand M. Gambetta lui fit ouvrir les portes du conseil d'Etat, on ne lui fit pas le même accueil? Ses nouveaux collègues ne lui tournèrent pas le dos, parce qu'on est mieux élevé au Palais-Royal qu'au pavillon de Flore, mais ils surent se montrer fort déplaisants à son endroit. Est-ce que quand M. Gambetta imagina de le faire décorer, les ministres ne s'y opposèrent pas, de crainte d'indisposer un certain public? Quand je vous dis que cet homme n'a pas de chance. Chaque fois qu'il décroche la timbale, il est sûr de recevoir un soufflet qui l'oblige à se cacher. C'est de la déveine. Que voulez-vous? On est veinard, ou on ne l'est pas.

Ainsi, on croit qu'il succède à M. Flourens, qu'il est directeur général des cultes, vous verrez qu'il ne le sera comme personne, qu'il ne le sera même pas, et qu'au fond de cette nouvelle timbale, il ne trouvera qu'amertume et déceptions.

Et, de fait, M. Castagnary n'est pas et ne sera jamais directeur des cultes. Il y a quelques jours, un décret a paru qui supprime cette direction, et nomme M. Castagnary son liquidateur !

Ne croyez pas cependant que depuis qu'il est à la rue de Bellechasse, M. Castagnary ait perdu son temps, loin de là ! Je me suis laissé dire qu'il arrive à son bureau à neuf heures, qu'il n'en sort qu'à sept, et que pour ne pas perdre une minute, il a condamné sa porte et se fait apporter son déjeuner dans son cabinet. Dame! c'est qu'il a fort à faire. Pensez donc! il s'agit d'abord de dénicher le *Concordat strict* puis de le *renforcer*, puis de le mettre en pilules à l'usage des évêques, des prêtres, des fidèles, et de servir chaud.

Ah! ce n'est pas lui qui vole l'argent des contribuables. C'est un bourreau de travail. Il est vrai qu'on pourrait trouver sur sa table une soixantaine de dossiers sur les affaires courantes, dont il ne soupçonne même pas l'existence. Mais, que voulez-vous? il a ses pilules à préparer, et malgré ses recherches il n'a pas encore trouvé la bonne formule. Il a même fait goûter une ou deux de ses préparations à M. Gambetta qui s'est cru empoisonné et qui a prié son fidèle Ignarus d'être à l'avenir plus prudent et moins aveugle.

C'est lui, en effet, qui avait imaginé d'écrire aux archevêques qui s'étaient rendus à Rome, il y a un mois, d'avoir à revenir au plus tôt parce qu'ils étaient partis sans attendre la permission du ministre ; pour un peu il les aurait privés de leur traitement, si le conseil des ministres, saisi de cette affaire, n'avait déclaré que c'était absurde de tourmenter le monde de cette manière, et n'avait remisé ce pauvre Ignarus, qui se gaudissait déjà d'avoir *renforcé le Concordat strict*.

M. Castagnary ne se découragea pas pour si peu. L'article 20 de la loi de germinal an X l'avait induit en erreur ; il résolut de se venger de cet article 20 et des autres qui l'accompagnent.

> Rien que la mort n'était capable
> D'expier son forfait.

De là donc à conclure que le Code organique du Concordat devait disparaître, il n'y avait qu'un pas. Ce pas, Ignarus le fit avec onction, et nuit et jour il fouilla dans les profondeurs de son cerveau, pour y découvrir

> Un homme, un bœuf, un éléphant.

Il y trouva 17 propositions qui lui paraissaient quintessencer la législation ecclésiastique. Il les montra à M. Paul Bert, qui ne fit qu'un bond de la rue de Grenelle au quai d'Orsay, tant l'enthousiasme le transportait.

A peine cet excellent Bert eut-il ouvert la bouche pour lire et développer les 17 propositions d'Ignarus, que M. Gambetta le pria de se taire, l'assurant que s'il n'avait que des absurdités pareilles à proposer au conseil, il ferait mieux de rester chez lui (*sic*).

> Cela dit, maître loup s'enfuit, et court encore.

Quant à M. Castagnary, il médite en ce moment ces deux vers de La Fontaine :

> Patience et longueur de temps
> Font plus que force ni que rage.

Il refouille son cerveau, qui craque comme une lanterne sous les rafales du vent, se demandant avec inquiétude si on ne l'aurait pas préposé à la recherche de la pierre philosophale ou de la quadrature du cercle.

II

MM. QUILY ET MICHAUD

Au temps où j'étais étudiant, un de nos camarades avait eu la fantaisie de se déguiser en contre-basse. Nu comme un ver, il s'était insinué dans un étui fait à sa taille, peinturluré en jaune et agrémenté des ornements que vous devinez. Ainsi costumé, il se promenait grave et fier dans les rues de Paris. Sur la face qui regarde l'Arc-de-Triomphe, quand on se dirige vers la Bastille, il avait fait ajuster une serrure, armée de sa clef, avec ces mots : *Ouvrez sans frapper.* Naturellement, tout le monde ouvrait, et la contre-basse, à l'aide d'un ingénieux mécanisme, rendait un son que Richard Wagner a, je crois, classé dernièrement. C'était bête à rendre des points à un comique de café-concert, mais cela faisait rire, et c'était tout ce que souhaitait notre camarade. Il avait d'ailleurs parié que la police le laisserait circuler librement. Il gagna son procès, avec... une fluxion de poitrine qui l'enleva en huit jours.

Au 66 de la rue de Bellechasse les ex-abbés Quily et Michaud, se disposent à rééditer la même mascarade ; l'un en se glissant dans la bibliothèque de la direction des cultes, l'autre en suggérant à M. Castagnary de le faire nommer au ministère des affaires étrangères.

Ces deux défroqués se sont mis en tête d'étonner le monde par leurs excentricités, et de confondre le bon sens public à force d'inepties.

M. Quily a été élevé par les Pères de Saint-Laurent-sur-Sèvres, qui avaient alors dans le diocèse de Rennes une maison appelée Saint-Lazare, auprès de la petite ville de Montfort, son lieu de naissance.

En 1856, il quitta leur noviciat où il avait passé sept années. Ne sachant que devenir, il y rentra pour quelque mois, et, en 1857, Mᵍʳ Brossais Saint-Marc, qui avait une première fois refusé de le recevoir dans son grand séminaire, consentit à l'y admettre.

Un de ses supérieurs, d'après les notes conservées au séminaire, le jugeait de la manière suivante. Je cite textuellement : « *Orgueilleux, peu de tact, peu de cœur, sans-gêne, croyant que tout lui est dû, confiant en lui-même, parlant légèrement.* »

En 1859, à l'ordination de la Trinité, il fut ajourné pour les ordres mineurs. Les registres du grand séminaire portent à cette date, sur son compte, la note suivante : « *Trop sans façon, manque de tact, singulier, ne s'est pas formé.* »

Au mois d'octobre suivant, il fut placé au petit séminaire de Saint-Méen, comme surveillant d'études. Sur les notes peu favorables données par le Supérieur de cet établissement, il fut de nouveau écarté de l'ordination de 1860.

Quelques jours après, le Supérieur de Saint-Méen se plaignant « de la légèreté de ses propos sur le compte de tout le monde, de ses impertinences inexcusables à l'endroit de ses supérieurs, de son mauvais esprit qu'il propageait », priait qu'on l'en débarassât.

L'année suivante, M. Quily fut placé, au même titre, maître d'études au collège de Vitré. Son caractère indisposa contre lui ses confrères et, en 1861, à l'ordination de la Trinité, il subit pour les ordres mineurs, un troisième ajournement.

Rentré au grand séminaire la même année, il y resta jusqu'en avril 1862. A cette époque, un de ses supérieurs écrivait : « *qu'il était porté à craindre pour M. Quily le ministère paroissial, qu'il deviendrait un de ces vicaires auxquels il n'est pas seulement inutile, mais très dangereux de donner des conseils.* »

Le conseil du séminaire, estimant qu'il ne donnait pas de garanties suffisantes, l'avertit de ne pas rentrer après les vacances de Pâques.

C'est alors qu'il entra à l'Oratoire de Paris et de là dans le diocèse de Tours. Il finit par être ordonné prêtre.

Après la guerre de 1870, M. Quily reparut à Rennes et à Montfort. Pendant la guerre il avait exercé les fonctions d'aumônier auprès d'un corps de francs-tireurs, qu'il avait trouvé moyen de scandaliser par ses extravagances et ses idées avancées.

Revenu dans son pays, il voulut se faire nommer membre du conseil général pour le canton de Montfort. Il échoua et disparut.

Vers la fin de 1871, il se fit donner par M. Jules Simon une mission en vertu de laquelle il devait visiter certaines bibliothèques publiques des départements de l'Ouest. L'opinion publique s'étant émue, M⁰ Brossais Saint-Marc, crut devoir écrire à M. Jules Simon, pour lui signaler l'indignité du candidat. Il conserva néanmoins cette fonction jusqu'en 1873. Le dossier de ses missions se trouve au ministère de l'instruction publique. Il est, d'ailleurs, l'origine de sa fortune politique.

Au mois de septembre 1873, M. Quily fut recommandé par l'ex-abbé Michaud au gouvernement de Berne pour le mouvement religieux qui se préparait en Suisse. Il arriva à Berne, le 25 octobre 1873, et descendit à l'hôtel de Bellevue, avec quelques autres ecclésiastiques qui prêtaient leurs concours au gouvernement bernois. Il ne resta à Berne que treize jours. Ses relations avec une certaine comtesse Paulowska, agent très actif du Saint-Synode russe, avaient indisposé contre lui le directeur des cultes de Berne. Il fut donc expulsé du canton le 5 ou 6 novembre et partit pour Neûchatel. Il essaya de se faire installer à Bienne, à Moutiers, à

Saint-Jumier, mais n'ayant pas réussi, il partit pour Genève, où M. Loyson le fit accepter au nombre des curés de l'église catholique-nationale du canton. M. Quily fut installé dans la paroisse de Chêne-Bourg, prêta à cette occasion le serment d'usage, lequel est très précis et recommença ses intrigues d'autrefois, en insultant tous ceux qui le gênaient.

M. Loyson, poussé à bout, déféra au conseil supérieur les intrigues, les violences, les intempérances du curé Quily, lequel fut puni sévèrement par le conseil, et forcé, peu après, de quitter sa paroisse et le canton.

En un an, il s'était fait expulser deux fois.

A la fin de l'année 1874, il revint à Paris, auprès de M. Michaud, qui avait ouvert depuis plusieurs mois une chapelle, boulevard Haussmann, aux frais du Saint-Synode russe.

C'est à cette époque que M. Michaud, désespérant du mouvement religieux qu'il avait voulu subordonner à la Russie, se fit appeler à Berne en qualité de professeur à la Faculté de théologie vieux-catholique.

Quant à M. Quily, il se fit, grâce à ses missions bibliographiques de 1871 à 1873, une réputation de juriste canonique et d'érudit auprès de MM. Gambetta, Ferry et Bert, et parvint à leur rendre, paraît-il, de nombreux services.

Je passe sous silence la vie privée de M. Quily, elle ne m'appartient pas.

— Pourquoi, maintenant, l'ex-abbé Quily a-t-il été nommé bibliothécaire de la direction des cultes?

— Pour cataloguer les 50 volumes de la bibliothèque? — C'est déjà fait et ce serait à faire, qu'en une semaine le travail pourrait être terminé.

— Pour collationner les archives? — Il faudrait pour cela que M. Paul Bert sût qu'il y a à la direction des cultes des documents très curieux, dont à peu près personne ne soupçonne l'existence, et qui ne sont pas encore catalogués. Or, M. Paul Bert l'ignore absolument.

— Pour préparer les dossiers des futurs évêques? — Je ne puis croire que M. Paul Bert ose infliger à l'épiscopat français pareil affront.

— Pour préparer les harangues de M. Paul Bert? Collationner les articles dans le genre de celui-ci? Se mettre en campagne pour appréhender au col leurs auteurs? — Vous ne brûlez même pas.

— Et alors? — Vous donnez votre langue aux chats?

Eh bien! L'abbé Quily est plongé dans la préparation d'un *mouvement janséniste* en France! Ne riez pas! *d'un mouvement janséniste!*

Il a découvert que les sœurs de Sainte-Marthe étaient jansénistes, qu'il y avait des chances pour retrouver des évêques, des prêtres, des laïques jansénistes; il est à leur recherche, afin de *renforcer le Concordat!*

Pour une idée, c'en est une assurément. Mais de toutes celles qu'on peut avoir en cette matière, c'est bien la plus cocasse, la plus saugrenue, c'est d'ailleurs celle de l'abbé Quily. Et il touche 5,000 francs par an pour l'avoir en partie conçue, et pour en accoucher prochainement.

Non moins fantastique est le projet de l'ex-abbé Michaud.

M. Michaud, qui commence à avoir le mal du pays, brûle d'envie de quitter Berne, où il enseigne le vieux-catholicisme. Son rêve est d'entrer au ministère des affaires étrangères. M. Michaud, en effet, ne travaille pas pour la France, mais pour la Russie. Il feint de croire que la solution aux questions religieuses actuellement pendantes est la transformation du culte catholique romain en *culte schismatique russe*, et il a l'espoir de le faire croire à MM. Castagnary, Paul Bert et Gambetta. C'est d'un supercoquentieux ébouriffant, mais comme M. Michaud est un curé défroqué, ces messieurs le prennent au sérieux.

Ainsi, ce sont ces deux anciennes soutanes! ces deux déclassés sans prestige et sans autorité! qui traceraient à la France religieuse la voie dans laquelle elle doit entrer!

Pauvre France! est-il croyable qu'elle soit si bas tombée? Est-il croyable que M. Gambetta soit assez aveuglé pour ne pas sentir le rôle ridicule qu'on lui a fait jouer?

Quelqu'un m'assurait, ces jours passés, qu'il n'avait nommé certains ministres que pour prouver qu'il était à ce point maître de l'opinion qu'il pouvait lui imposer qui bon lui semble, mais qu'au 20 janvier, il rendrait à la vie privée ceux qui n'ont dû leur élévation qu'à leur mauvaise réputation ou à leur ignorance des affaires publiques.

La mascarade toucherait donc à sa fin. M. Gambetta renverrait dans leurs foyers les figurants à l'aide desquels il a fait son entrée en scène et constituerait le grand ministère. J'ignore si ces bruits sont fondés, mais ce que je sais, c'est que les fonctionnaires de la direction des cultes, depuis M. Bert jusqu'à M. Quily, se prennent

au sérieux, entassent projets sur projets, notes sur notes, circulaires sur circulaires. Nous avons d'abord eu le *Concordat strict*, nous avons maintenant le *Concordat renforcé*. C'est le cas de répéter :
De quoi demain sera-t-il fait?

III

LA MITRE DE MONSIGNOR MOUREY

Monsignor Mourey est *auditeur de rote* pour la France. Il habite à Rome un superbe palais aux frais de l'Etat, touche par an 20,000 francs du gouvernement français, 5,000 du Pape, et pourrait, ce semble, jouir en paix de son bonheur dans sa grasse sinécure. Malheureusement pour lui, Mgr Paulinier s'étant laissé mourir, a laissé vacant le siège archiépiscopal de Besançon. Cette mort a réveillé chez M. l'Auditeur des ambitions que l'on croyait éteintes. La vue de cette soutane en détresse lui a rappelé certains rêves de sa jeunesse, et depuis trois mois il cherche à la décrocher.

Jamais siège n'a été plus vigoureusement mené. Intrigues, démarches, promesses, Mgr Mourey a fait jouer toutes les batteries en usage dans ce genre d'assaut.

Avant d'ouvrir le feu de ses batteries, Mgr Mourey avait fait pressentir le ministère des cultes et la nonciature.

Le ministre des cultes, avant de rien promettre, fit demander au nonce si le candidat était agréable. On assure que le nonce fit la grimace, et déclara que jamais le Pape ne ferait un évêque de Mgr Mourey. C'est alors que se passa ce qui suit :

Un matin du mois de décembre, racontent certains chroniqueurs, on vit débarquer dans la cour Saint-Damase, au Vatican, un prélat au visage souriant, à la démarche empressée, qui se rendait à l'audience du Pape. Il en sortit au bout d'une heure, tenant à la main un pli cacheté qu'il portait avec respect et qu'il affectait de laisser voir à tout le monde. La valetaille en soie rose s'inclina devant le prélat, qui se rendit dans les appartements du cardinal Jacobini, situés au-dessus de ceux du Pape.

Reçu par Son Eminence le secrétaire d'Etat, notre prélat en sortit après une longue audience, armé d'un second pli, ce qui doubla les marques de respect de la valetaille, des gendarmes et des gardes-suisses.

Le rapide emportait le soir même pour Paris le prélat et ses deux plis.

A peine débarqué rue de Lille, il fit savoir à M. Gambetta et à M. Spuller qu'il était chargé auprès d'eux d'une mission confidentielle du Pape et de Mgr Jacobini. Ce ne fut pas sans émotion qu'il gravit les marches du palais du quai d'Orsay et qu'il entendit l'huissier annoncer de sa voix la plus solennelle : « Monsignor Mourey! »

L'audience ne dura pas moins de deux heures et demie!

Qu'apportait Mgr Mourey à Son Excellence M. Gambetta? — Une lettre de Sa Sainteté Léon XIII, dont voici en substance la teneur : « Sa Sainteté a pour la personne de M. Gambetta une estime profonde. Ce sont les méchantes langues seules qui prêtent au Pape des sentiments hostiles à un aussi auguste personnage. Sa Sainteté est convaincue que le régime républicain peut seul rendre à la France sa prospérité et sa grandeur, aussi fait-elle des vœux ardents pour l'heureuse santé de Son Excellence M. le président du conseil, en même temps que pour la réussite de ses projets. Quant à M. de Bismarck, il joue en Italie un double rôle. Ses bons rapports avec le Quirinal ne sont qu'apparents. En sous-main, il remplit l'Italie de ses émissaires pour hâter l'avènement de la République, qui entraînera, il l'espère, la dislocation de l'unité italienne, et lui permettra de mettre la main sur la péninsule, pour rétablir le Saint-Empire Romain. Léon XIII, sans repousser les avances de M. de Bismarck, pense toujours à la France. Aussi, est-il prêt à accepter de M. Gambetta un *modus vivendi républicain presque quelconque*, qui permette de garder à la France son titre de fille aînée de l'Eglise! L'homme choisi pour découvrir et développer cet admirable *modus vivendi républicain presque quelconque*, n'est autre que Mgr Mourey! »

Sur l'invitation de M. Gambetta, Mgr Mourey daigna lui découvrir et lui développer son admirable plan.

Il commença d'abord par assurer à M. Gambetta que tous ses agents le trompaient.

M. Desprez, lui dit-il, est un incapable, un avare, qui n'a ni prestige, ni autorité et qui ose à peine sortir du palais Colona. Si vous m'y autorisez, je vous découvrirai un ambassadeur auquel je tracerai moi-même une ligne de conduite dont vous serez satisfait.

Quant au Nonce, défiez-vous de lui! Il se moque de vous. Au reste, le Pape en est très mécontent et songe à le rappeler. J'indiquerai moi-même au Pape un sujet capable de nous comprendre et que je dirigerai de concert avec l'ambassadeur.

Vous avez bien fait d'accepter la démission de M. Flourens. C'est un *clérical*. Les évêques qu'il a nommés sont tous des cléricaux. Confiez-moi la direction effective des cultes. J'ai une liste toute prête de candidats triés sur le volet, que je dirigerai d'ailleurs et qui vous obéiront.

Quant à M. Paul Bert, vous n'ignorez pas qu'il a accrédité l'abbé Druon à Rome comme son agent particulier, et qu'il cherche à vous faire échec. Croyez-moi, monsieur le président, débarrassez-vous de cet homme. J'ai un excellent ministre des cultes à vous proposer. Celui-là, grâce à moi, sera dévoué à votre politique, et ne vous créera aucun ennui.

Prenez l'abbé Pujol, dont M. B. S. H. a fait un supérieur de Saint-Louis-des-Français, prenez-le comme auditeur de rote. Je lui indiquerai nos vues et le dirigerai dans le sens républicain.

— Et vous, monsieur l'auditeur, que devenez-vous? Vous ne me dites rien de vous?

— Oh! moi, il suffit que vous me nommiez archevêque de Besançon. C'est de là que je surveillerai nos gens. En temps utile, vous me ferez donner un chapeau, mais cela importe peu. Ce qu'il importe, c'est que votre politique soit comprise, et trouve de dociles agents. Pour cela, fiez-vous à moi. Néanmoins, nommez-moi archevêque de Besançon!

En sortant de chez M. Gambetta, Mgr Mourey se rendit chez M. Spuller auquel il remit une lettre du cardinal Jacobini. Il répéta au sous-secrétaire ce qu'il venait de débiter au ministre, puis se mit à la recherche de son personnel. C'est ainsi que plusieurs personnages ont reçu le visite de Mgr Mourey, venant leur offrir, qui l'ambassade du Vatican! qui un évêché! qui le ministère des cultes! Après trois audiences de M. Spuller et une seconde de M. Gambetta, Mgr Mourey s'est rembarqué pour Rome hier ou avant-hier.

Plusieurs s'inquiéteront peut-être de savoir qui est ce Mgr Mourey, auquel le Pape a confié une mission de cette importance, et qu'il a autorisé à tenir un pareil langage à M. Gambetta.

Avant d'être monsignor, M. Mourey a fait partie du tiers-ordre enseignant de Saint-Dominique. A Sorrèze, il était même le Benjamin du P. Lacordaire qui, en mourant, lui légua le collège et l'immeuble; le P. Lacordaire avait-il la pensée que des mains du légataire, collège et immeuble feraient retour à sa communauté, nous l'ignorons; en tous cas, on sut bientôt que le R. P. Mourey avait vendu Sorrèze au R. P. Captier, moyennant 300,000 francs.

Quelques mois plus tard, l'archevêque d'Albi lui retirait ses lettres de vicaire-général, et à Lyon, son diocèse d'origine, on lui refusait un *celebret*.

Ne sachant que faire, l'abbé Mourey entreprit le voyage de Rome, où il réussit à se lier avec les fils de M. Chesnelong, par l'intermédiaire desquels il fut présenté à Pie IX, qui d'ailleurs lui tourna le dos.

C'est, paraît-il, à l'influence de M. Gambetta qu'il a dû d'être nommé auditeur de rote.

Mgr Mourey a-t-il été réellement envoyé en France avec une mission de Léon XIII, ou bien a-t-il joué la comédie? C'est ce que je me demanderais, si nous pouvions admettre un instant que Mgr Mourey ait osé se donner une mission ou dénaturer celle dont il aurait été chargé, ou simplement essayé de *jobarder* le grand ministre, dont le prestige était encore intact à cette époque.

IV

L'ABBÉ DRUON

Ils vont bien nos prélats français à Rome!

Les lecteurs du *Henri IV* n'ont sans doute pas oublié l'abbé Druon, qui, après avoir menacé notre rédacteur en chef de le faire souffleter par ses frères, envoya sa photographie avec dédicace à Mme Marie Colombier. Druon vit encore comme le *Bonhomme* de la chanson. Il est même retourné à Rome, où il *druonise* avec un certain succès.

Ce vénérable prélat, comme il se faisait appeler par la *Civilisation*, ce martyr du devoir, ce prêtre sans peur et sans reproche, ce défenseur infatigable des droits de l'Église, du Roy, du diable et du Christ comme l'insinuent les *Semaines religieuses*, l'*Univers*, l'*Union*, tous les journaux bien pensants, vient de passer par des épreuves sous le poids desquelles tout autre que lui aurait été aplati, si l'aplatissement n'était pas son état normal.

Donc, après sa déconfiture, l'abbé Druon retourna à Rome, pour y opérer son déménagement. Comme ses meubles étaient restés à Saint-Louis-des-Français, il se réinstalla dans son ancien logis. Il y serait encore, si l'abbé Pujol, son successeur, n'avait imaginé, pour le faire déguerpir, d'aller prévenir un des nombreux créanciers du peu délicat Druon, que celui-ci projetait de déménager à la cloche de bois. C'était faux, mais entre confrères, il paraît que c'est de bonne guerre. Le créancier fit aussitôt saisir les meubles de son débiteur. Ce fut dans Rome un abominable scandale. Le cardinal de Bonnechose n'étouffa l'affaire qu'en payant lui-même les dettes de son protégé, qui, chargé de ses hardes, alla se réfugier chez une amie à lui, bonne à tout faire disent les uns, cuisinière ripostent les autres, duchesse ou pour le moins baronne, affirment les plus mal renseignés.

Sur ces entrefaites, M. Castagnary, qui demandait un évêque à tous les échos du monde, mit la main sur le dossier qu'a M. Druon à la direction des cultes. Il y trouva cette fameuse lettre où M. Druon, évincé de Saint-Louis-des-Français, sollicitait l'évêché de Montauban, promettant monts et merveilles, éreintant consciencieusement, pape, évêques, jésuites, légitimistes, dans l'espérance de faire de toutes ces ruines un piédestal à sa taille.

M. Castagnary communiqua cette lettre à M. Paul Bert, qui, croyant avoir mis la main sur un évêque selon son cœur, fit écrire à M. Druon qu'il pensait à lui.

Le vertueux Druon, préférant l'Italie à la France, assura à M. Bert, qu'il lui rendrait plus de services à Rome qu'à Amiens ou à Poitiers, et se fit fort d'être son parangon au Vatican. M. Bert, enchanté, lui fit répondre qu'il acceptait son concours et qu'il le choisissait comme son agent secret auprès du Vatican. C'est en cette qualité que M. Druon opère maintenant à Rome. Il est le trait d'union entre Léon XIII et M. Bert.

Mais que dites-vous de cet abbé Pujol, qui n'hésite pas à déshonorer son confrère, à recourir même au mensonge pour s'en débarrasser plus sûrement? Au reste, il paraît que ledit abbé n'en est pas à ses débuts. Quelqu'un m'assure que c'est lui qui fit publier au *Figaro*, à la date du 1er mars 1881, ce honteux pamphlet dans lequel il couvrait de boue ses concurrents à l'épiscopat, et où il se décernait sans plus de façon le prix Monthyon (1).

---

(1) M. Druon touche une pension du gouvernement français de 5,000 francs. Pourquoi ? *Chi lo sà ?* Quelqu'un m'assure que c'est parce qu'il opère maintenant pour le compte de M. Desprez qui, après avoir exigé son renvoi de Saint-Louis-des-Français, se l'est attaché en qualité d'agent secret. Le *Henri IV* a publié sur ce personnage quelques articles que nos lecteurs pourront relire avec utilité. (*Note du compilateur*).

V

LA RENTRÉE DES JÉSUITES

Les journaux opportunistes se sont beaucoup occupés, ces jours passés, de la *rentrée des Jésuites* et des autres congrégations dissoutes par les décrets du 29 mars. Nos lecteurs nous sauront gré de les éclairer sur cette rentrée.

Nos renseignements sont authentiques, et nous ne craignons pas le plus petit démenti.

Il est bien vrai que, sous le ministère Gambetta, les Jésuites ont essayé, notamment à Toulouse et à Paris, de se reconstituer. Il leur semblait que le ministère Gambetta, n'ayant pas trempé officiellement dans la confection des fameux décrets, serait plus coulant à leur endroit et n'urgerait pas une mesure, qu'après tout, les Jésuites ont le droit de trouver inique.

On déclame beaucoup contre l'insubordination des religieux expulsés. Est-ce que les déportés du 2 décembre et les condamnés de 1871 n'ont cessé de protester contre l'injustice dont ils se déclarent les victimes, et n'ont pas mis tout en œuvre pour réintégrer le sol de la patrie? Et si l'amnistie a été prononcée, n'est-ce pas grâce à l'influence de leurs amis, et au besoin qu'éprouvait M. Gambetta de redorer sa popularité? De tous temps, les victimes politiques — et les Jésuites ne sont pas autre chose — ont cherché à exploiter la faiblesse, l'incurie, ou la complicité des gouvernants. Donc, *Gambetta regnante*, les Jésuites espéraient rentrer, au moins en partie, dans ce que M. Ferry leur avait volé.

Le préfet de la Haute-Garonne, dans trois rapports, à la date des 20 novembre, 19 et 30 décembre, crut devoir prévenir les ministres de l'intérieur, des cultes, des affaires étrangères, que dix Jésuites, dont il donna les noms, cherchaient à reconstituer à Toulouse une congrégation dissoute.

De son côté, M. Camescasse, dans le courant du mois de décembre, prévenait M. Waldeck-Rousseau, qu'on remarquait que les Jésuites se réunissaient rue de Sèvres plus fréquemment, et en plus grand nombre. Le préfet de la Haute-Garonne et le préfet de police demandaient des instructions.

Ils n'en reçurent aucune, et le ministre des cultes, le *sçavantus messire Paulus Bertus*, avait si peu l'intention de leur en donner, qu'on peut voir écrit sur plusieurs de ces rapports et de sa propre main : *Attendez !* *à classer*, ce qui, en style administratif, veut dire : *Laissez faire*, et en langage républicain : *Allez vous promener !* Le ministère Gambetta n'avait nulle envie de soulever cette grosse difficulté des congréganistes expulsés et envoyait à tous les diables les fonctionnaires par trop zélés qui avaient la naïveté de l'avertir.

M. Gambetta tombe. M. de Freycinet lui succède. Aussitôt le *Voltaire* et *Paris* prévenus par M. Castagnary, ou par *Messire Paulus Bertus*, ou par n'importe qui, annoncent *urbi et orbi*, que M. de Freycinet, un peureux, un lâche, un couard, tremble devant les Jésuites, et que, maintenant que M. Gambetta n'est plus là, les décrets du 29 mars vont tomber en quenouille ! *Et nunc erudimini !*

VI

LES ÉPISCOPABLES SELON M. PAUL BERT (1)

La haine des chefs du parti gambettiste contre la religion en général et contre le clergé catholique en particulier, n'est un secret pour personne. Ce que le public ignore, ce sont les tentatives de M. Paul Bert et de ses amis pour diviser le clergé, en ameutant les prêtres de paroisse contre leurs évêques. Ils sentent que le jour où la guerre civile éclatera au sein de la communauté catholique, ils seront les maîtres. Aussi, leur préoccupation est de recruter quelques jeunes prêtres, les moins tarés possible, qu'ils

---

(1) Son Excellence M. Humbert n'est pas dans un mince embarras. Pour un peu il rééditerait en sa personne le légendaire Cadet Roussel, avec cette différence toutefois, que ses trois maîtresses sont trois graves personnages aussi rétifs, aussi férus, j'allais dire aussi entêtés l'un que l'autre, si je ne savais :

..... à quoi l'honneur m'oblige,

quand je parle de Mgr le Nonce, de M. le directeur général des cultes et de *messire Paulus Bertus*.

Il paraîtrait que M. Humbert ne sait à qui entendre pour donner un successeur à Mgr Paulinier, l'archevêque décédé de Besançon.

Son Excellence le Nonce apostolique présenterait Mgr l'évêque de La Rochelle auquel il souhaiterait voir comme successeur M. Le Rebours, curé de la Madeleine à Paris ; M. Flourens, directeur général des cultes, patronnerait Mgr Foulon, le sympathique évêque de Nancy, qu'il remplacerait par M. Deschamps, vicaire général de Châlons ; enfin, *messire Paulus Bertus* ferait émerger de nouveau quelques-uns de ces *évêques grotesques*, auxquels il faisait allusion dans sa lettre d'adieu à son cordial Castagnary, notamment l'abbé Philippe Reinhard, prêtre en chambre, demeurant à Paris, et allèchent par l'ambition, auxquels ils font crier : *Vive la République!* qu'ils poussent, sous prétexte de réformes cléricales, à lever l'étendard de l'indépendance et qu'ils étalent avec complaisance, dans leurs antichambres, pour laisser croire qu'ils sont *Légion*. Ils n'ont jamais été plus d'une dizaine. Aujourd'hui, ils sont tout au plus deux !

Ceux qui avaient quelque mérite ont compris à temps que, sous prétexte de les consulter, on les exploitait, qu'on leur tirait, comme on dit vulgairement, les vers du nez ; que plus on les attachait à la République de M. Gambetta, plus on les détachait de l'Eglise, et que le jour où on les aurait bien compromis, on les jetterait à l'eau en les traitant d'*évêques grotesques*, sans plus de souci des engagements pris ou de leur avenir brisé. Ce sont les deux derniers survivants de ce mouvement soi-disant clérical qu'il nous a paru intéressant de crayonner.

L'abbé X..., de la Vienne.

Il y a de cela quinze ou dix-huit mois. Son Eminence le cardinal Pie, évêque de Poitiers, venait de mourir. J'avais affaire à la direction des Cultes, pour y recommander un prêtre que nous désirions avoir comme curé. Dans le salon d'attente, je rencontrai un ecclésiastique, qui me salua avec courtoisie et qui me parut être de la maison.

---

un jeune ecclésiastique de la Vienne, dont nous tairons le nom, pour ne pas lui faire une réclame aussi malsaine qu'imprudente (*).

Or, M. Humbert meurt d'envie de plaire au nonce, sans déplaire au directeur général, et surtout sans faire écumer le *grand médicin Paulus Bertus*.

> Que du Seigneur la voix se fasse entendre,
> Et qu'à mon cœur son oracle divin
> Soit ce qu'à l'herbe tendre
> Est, au printemps, la fraicheur du matin,

soupire-t-il nuit et jour à la façon de Joad, sans que pour cela la fraicheur du matin rafraichisse ses idées.

C'est pour les lui rafraichir que nous publions un crayon de ces deux *épiscopables*, selon *messire Paulus Bertus... espert ès drogues lénitives et diurétiques*.

(*) Ont été nommés :
Mgr Foulon, évêque de Nancy, à l'archevêché de Besançon, en remplacement de Mgr Paulinier, décédé.
Mgr Turinaz, évêque de Tarantaise, à l'évêché de Nancy.
M. l'abbé Deschamps, vicaire général de Châlons, à l'évêché de Tarantaise (Savoie).
M. l'abbé Deschamps s'étant désisté au dernier moment a été remplacé par M. l'abbé Pagis du diocèse de Saint-Flour.

— Le Nonce est là, me dit-il en me montrant le cabinet de M. Flourens, et nous en avons au moins pour une bonne heure.

— Vous en êtes sûr, monsieur l'abbé.

— Oh! absolument sûr. Je suis très au courant de ce qui se passe ici. M. Flourens fait grand cas de moi. Il ne prend jamais de résolution importante sans me consulter, et je crois qu'il songe à moi pour l'évêché de Poitiers.....

J'allais esquisser un salut de félicitations et y aller de mon petit compliment, quand un coup de sonnette retentit. L'huissier se précipita chez M. Flourens.

— Messieurs, M. le directeur général regrette de ne pouvoir vous recevoir. Il est en conférence avec Mgr le Nonce, et il craint que la conférence ne se prolonge assez avant dans la soirée. Si vous pouviez revenir demain samedi?...

— M. X...., chef de bureau, est-il chez lui? demandai-je à l'huissier.

— Parfaitement, monsieur.

— Voulez-vous lui porter ma carte.

L'abbé était déjà parti en m'envoyant du bout des doigts un petit : *Au revoir!* que je trouvai singulièrement familier.

M. X... est un de mes camarades de collège, bon enfant, avec lequel j'arrangeai mon affaire.

— Ah! ça, lui dis-je, qui est cet abbé que j'ai rencontré dans l'antichambre de M. Flourens? — Grand, plutôt mince, figure pâle, très soigné de sa personne, un peu chauve, entre quarante et quarante-cinq ans? il m'a dit qu'on allait le nommer évêque de Poitiers?

— Farceur!

— Qui? farceur! moi?

— Non, ton abbé! Je parie que c'est à cause de lui que M. Flourens a condamné sa porte. Un crampon! un intrigant! C'est M. Paul Bert qui le pousse.....

— Il n'a cependant pas mauvaise tenue.....

— Il a encore plus de blague. C'est un abbé de la Vienne qu'un député a recommandé à Paul Bert, et auquel celui-ci fait raconter tous les petits scandales du clergé, en lui promettant de le nommer évêque.

L'abbé qui n'est pas le premier venu cependant, s'est laissé engluer, et aujourd'hui il remue ciel et terre pour décrocher une mître. As-tu remarqué que depuis quelque temps, quand un siège épiscopal vient à vaquer, on voit aussitôt paraître dans un journal républicain une note à peu près conçue en ces termes : « Le gouvernement va être appelé à choisir un titulaire pour le siège nouvellement vacant. Nous savons bien à qui il ne pensera pas. C'est à Mgr Ch..., c'est à M. l'abbé B... de M..., prélat domestique de Sa Sainteté. C'est à M. Rh... de L..., etc. Et pourtant ces prêtres sont des républicains, de vrais républicains. Mais c'est précisément parce qu'ils sont républicains que le gouvernement n'y pensera pas. » La note ainsi modulée descend toute la gamme des journaux républicains, depuis le *Télégraphe,* qui prend en général l'initiative jusqu'à la *Lanterne.*

— Cette note, sais-tu qui l'envoie? — Ton abbé!

Un député républicain vient-il à déposer un projet de loi quelconque sur la question cléricale, l'abbé lui adresse immédiatement une lettre d'adhésion sans réserve. « Quelle heureuse initiative vous venez de prendre ! Ne croyez pas que le clergé soit contre vous. Tous les esprits libéraux vous bénissent. Les lois canoniques sont en votre faveur. Les traditions les plus respectables de l'Eglise parlent dans le même sens que vous. »

Le pauvre garçon fait partie de cette basse-cour ecclésiastique dont Paul Bert est le coq, et que le *sçavantus médicin* nourrit avec des promesses.

— Alors ce pauvre abbé ne sera pas évêque de Poitiers?

— Ni de Poitiers, ni d'ailleurs, ni aujourd'hui, ni jamais. Paul Bert se moque de lui comme il s'est moqué de l'abbé Capmas, de l'abbé Féron, de l'abbé Reinhard, de l'abbé Druon, comme il se moque de tous les prêtres qu'il attire à lui. Pour les faire parler, il leur promet tout ce qui lui passe par la tête, un évêché, un canonicat de Saint-Denis, une mission gouvernementale. Il leur promettrait la succession de Léon XIII, s'il osait. Ce qu'il lui faut, c'est avoir autour de lui une dizaine de soutanes pour laisser croire au public qu'il apprend le droit canon et qu'il est plus ferré sur les besoins de l'Eglise et du clergé que le Pape lui-même. Maintenant, tu comprends pourquoi il ne les paie qu'en monnaie de singe. Peu de prêtres, en effet, consentiraient à faire ce métier, et encore je crois que parmi ceux qui le font, plusieurs ne s'en doutent pas.

— Vois-tu, il en est du prêtre comme de la femme.

Un jour, je questionnais le maître d'un de ces restaurants où les dîneurs trouvent des chambres confortables à l'heure et à la nuit, sur les us et coutumes de ses habitués.

— Vous avez dû en voir de toutes les couleurs?

— Oui, monsieur, et nos garçons aussi. Il y a eu ici des brouilles, des surprises, des réconciliations, des éclats de rire et des larmes.

— Est-ce qu'il ne vient jamais de femmes honnêtes ici ? lui demandais-je.

— Pardonnez-moi, monsieur. Il en entre quelquefois, mais il n'en sort jamais !

La République de M. Gambetta réserve aux prêtres une aussi désagréable surprise. C'est une maison mal famée. Le prêtre qui y entre n'en sort que défloré et compromis pour toujours !

L'abbé Philippe Reinhard (de Liechty).

Philippe Reinhard est un type, le type du vulgaire ambitieux en soutane, qui a raté sa vie et qui enrage d'être à terre, sans pouvoir se relever. On m'assure qu'il n'est pas sans valeur : je veux le croire, mais ses mérites sont tellement ensevelis sous l'ambition qui le dévore, qu'on a peine à les découvrir ; comme quand il a plu, on distingue à peine le pavé sous l'horrible couche de boue noirâtre et infecte, qui le recouvre. L'abbé Reinhard n'a droit à un crayon qu'à titre de repoussoir. Il serait moins laid que je le laisserais dans l'ombre.

Sa vie d'ailleurs se résume en quelques lignes.

Il est né en Alsace à Turkheim, le 20 août 1828. Après avoir fait ses études au lycée de Colmar, il est entré au grand séminaire de Strasbourg, en est sorti vicaire à Colmar, puis curé d'un petit village nommé Neudorf, qu'il quitta après la guerre, pour se réfugier à Paris, où il fut employé comme vicaire à Saint-Eloi et à Sainte-Clotilde, jusqu'au jour où il se sacra prêtre en chambre, à la recherche d'un évêché.

Cette vie, si modeste qu'elle soit, honorerait Philippe Reinhard, comme elle honore tout prêtre qui reste fidèle à l'humilité de sa vocation, si Philippe avait su l'honorer, et si l'éclat des grandeurs auxquelles rien ne le prédestinait, ni la naissance, ni le talent, ni la vertu, ne l'aveuglait encore.

Pourquoi d'abord a-t-il changé son nom plébéien contre un nom patricien ? Est-ce que le nom de son vieux père, un vétéran des ponts et chaussées, ne lui suffisait pas ? Pourquoi y a-t-il ajouté celui de sa mère en l'annoblissant ? Evidemment il a cédé à la vanité, et il a cru inspirer plus de confiance en s'affublant d'un titre nobiliaire.

Pourquoi arbore-t-il sur sa soutane une rosette multicolore ?

Je le sais officier d'Académie, mais rien de plus.

Pourquoi pendant plusieurs années s'est-il drapé dans une mosette de chanoine qu'il n'avait pas le droit de porter, puisqu'il n'est chanoine de Nancy que depuis peu de temps?

Pourquoi sur cette mosette arbore-t-il les insignes de docteur de Sorbonne, alors qu'il n'est que docteur de la Sapience?

Pourquoi s'intitule-t-il docteur en droit canon de Louvain, alors que son nom est aussi inconnu à Louvain qu'à la Sorbonne?

Evidemment, le besoin de briller dévore ce malheureux prêtre. Il veut à tout prix faire de l'*épate*. Voilà trente ans qu'il ne fait pas autre chose, trente ans qu'il publie à son de trompe ses moindres paroles, ses moindres actions, comme si chacune de ses paroles était un oracle, chacune de ses actions un acte héroïque, trente ans qu'il se gobe, trente ans de perdus! Car avoir été gobé par le petit père Lepère, par Constans, par Paul Bert, est le comble de l'humiliation pour un prêtre; c'est le coup de pied de l'âne qui l'achève.

A Colmar, il fut nommé membre de la Commission départe-mentale de l'instruction publique en remplacement de son curé trop âgé; Philippe crut que c'étaient ses mérites qui l'avaient appelé à ces modestes fonctions. Pendant vingt ans, il s'agita, pérora, aujourd'hui encore, il croit avoir fait beaucoup de besogne, parce qu'il demanda au Conseil général de supprimer la lettre d'obédience, et de lui substituer le brevet de capacité, parce qu'il s'est insurgé contre son évêque sous prétexte que celui-ci voulait proscrire la langue française de la chaire chrétienne, parce qu'aux élections de 1867, il fit de la propagande électorale en faveur de M. Laboulaye, contre M. de Bussières, parce qu'enfin il fit un trou dans la caisse de la fabrique de Neudorf afin de sauver de la ruine un officier de ses amis.

Voilà, en effet, le bilan de ses vingt premières années de sacerdoce. Je défie qui que ce soit de citer autre chose.

Je me trompe, j'oublie la leçon cruelle que lui donna le curé de Colmar, en lui laissant croire pendant quelques heures que le cardinal-archevêque de Vienne avait jeté les yeux sur lui pour en faire son grand vicaire. J'ignore si Philippe a gardé le parchemin qu'on avait fabriqué pour la circonstance, mais je sais qu'à Colmar on en rit encore!

Il est vrai qu'à l'entendre, il aurait été sublime, héroïque, que jamais prêtre n'a plus fait pour la France, pour l'Eglise, que jamais apôtre ne s'est plus dévoué, plus sacrifié, plus immolé que lui.

Quand il racontait la légende de sa vie, au petit père Lepère, celui-ci en était tout chose. Il en rêvait la nuit : « Mais c'est un héros que cet abbé ! J'en ferai un évêque ! » — C'est surtout quand l'abbé rappelait ses prouesses pendant la guerre que l'œil du petit père s'humectait d'une larme patriotique. L'autre avait des histoires de chemins de fer, de postes et télégraphes, de fusils cachés, de prisonniers évadés à rendre jaloux Erckmann-Chatrian. — « Quel homme ! quel génie ! quel dentiste ! » s'écriait Lepère. — « Quel évêque ! » reprenait l'abbé, « *émigré alsacien!*... Monsieur le ministre, je suis émigré alsacien ! J'ai tout perdu, tout sacrifié pour rester fidèle à la France, et mon vieux père ! et mon frère mort à Sébastopol ! et mes sœurs ! et ma mère morte !... honorez-les tous ! honorez l'Alsace ! honorez-vous en me faisant évêque ! je prierai le bon Dieu pour vous, pour votre famille, pour vos enfants... car vous devez avoir des enfants, monsieur le ministre? » — « Quel homme ! quel génie ! soupirait Lepère, quel homme !... oui, vous serez évêque, noble émigré alsacien ! oui, évêque !... quel génie !... oui, dussé-je en perdre mon portefeuille !... quel dentiste !... vous le serez ! »

On n'a pas idée de l'art avec lequel l'abbé Philippe sut pincer de l'*émigré alsacien*. Malheureusement tout casse, tout passe, tout lasse et Philippe serait enterré aujourd'hui, s'il n'avait su ajouter une nouvelle corde à sa guitare.

Victime du despotisme épiscopal! celle-là fut à l'usage de Constans, de Paul Bert et de la demi douzaine d'oisillons qui becquettent sur le Concordat et les articles organiques quelques grains de popularité. Corentin-Guyho, Bernard-Lavergne, Bérenger, Hébrard, Scheurer-Kœtsner, Jean David, Labuze sont lyriques quand ils épongent les flots de larmes que verse ce prêtre arrêté dans sa brillante carrière par le farouche cardinal Guibert. On se croirait au *Petit Faust!*

La réalité, hélas ! ressemble peu à la légende.

Si Philippe, en effet, a émigré, c'est parce que son évêque l'avait dans le nez et qu'il ne voulait plus le placer après la guerre. Force donc lui était de trouver ailleurs une place et un morceau de pain.

Si, aujourd'hui, Philippe est en retrait d'emploi à Paris, c'est qu'il s'est conduit comme un polisson, brisant les vitres pour effrayer l'archevêque.

Il a publié, en effet, une ou deux brochures, et écrit dans le *Télégraphe* et l'*Indépendant*, quelques articles qui ne prouvent guère en sa faveur.

C'est indigeste, assez mal écrit, on croirait avaler de la pâte de lichen, mais c'est méchant et c'est bête. Je comprends que quand on a un auxiliaire comme ce monsieur, on lui fasse prendre des douches. Je relève quelques-uns de ses articles au *Télégraphe*.

A qui la faute? (19 octobre 1880). Première éreintade à fond de train contre les congrégations religieuses.

Les deux clergés. Deuxième éreintade — plus corsée — du même aux mêmes.

Deux prêtres. Troisième éreintade — de plus en plus corsée — du même aux mêmes.

Quelques objections à M. Lamy. Quatrième éreintade — le coup du lapin — du même aux mêmes. Elle se termine ainsi : « Les congrégations luttent moins pour une question religieuse que pour une question d'argent. Ce n'est pas un principe qu'elles veulent sauver, c'est la caisse. »

Nos Evêques et un crayon sur *Mgr Freppel* qui mérite le fouet.

Il n'est pas inutile d'ajouter que le *Télégraphe* est un organe franc-maçon. . .

Dans le courant de novembre 1881, l'abbé Philippe s'est loué à l'*Indépendant*, où il a publié des articles sous ce titre : *Situation ecclésiastique de France.* La couleur de l'*Indépendant* nous dispense de citer la prose de l'abbé Philippe.

Quand aux histoires relatives à la baronne Atthalin, à la mère Gigou, à Mme Braün, nous ne voulons pas nous en faire l'écho. Nous voulons croire au contraire que l'abbé a été calomnié, et que s'il est homme d'*honneurs*, il n'est pas homme d'*argent*.

Ainsi voilà le prêtre que depuis 1878 MM. Bardoux, Lepère, Constans, Bert, Humbert s'obstinent à présenter au Pape comme évêque. Il est vrai que l'abbé Philippe s'autorise beaucoup de Léon XIII. Il montre à qui veut le voir, un bref et une lettre de félicitations que le cardinal Nina lui a adressée en avril 1880 pour un travail sur Albert-le-Grand et saint Thomas-d'Aquin. Il raconte à qui veut l'entendre que Léon XIII aurait dit à quelqu'un en décembre 1879 : « L'abbé de Liechty est connu au Vatican, jamais je ne lui ferai opposition ; s'il n'est pas nommé, c'est que le gouvernement ne l'a pas présenté. » Le Pape ne connaît que lui, ne veut que lui, n'aime que lui. C'est la troisième corde à sa guitare. Ce qu'il y a de certain, c'est que toutes les fois que le nom de cet intrigant a été prononcé, la presse a protesté, et qu'il n'a guère été soutenu que par le *Travailleur* ou le *Journal de Genève*.

Si, maintenant, M. Humbert persiste dans son choix, libre à lui !

nous lui rappellerons seulement certaine pièce de vers qui circula
dans le royaume quand Dubois fut promu cardinal :

> Je ne trouve pas étonnant
> Que l'on fasse un ministre
> Et même un prélat important
> D'un m..., d'un cuistre!
> Rien ne me surprend en cela,
> Et ne sait-on pas comme
> De son cheval Caligula
> Fit un consul de Rome?

NOTE 1. Mgr Mourey a, paraît-il, été stupéfait que le *Figaro* l'ait crayonné et ait raconté sa prétendue mission. C'est que Monsignor manque de mémoire. C'est à plus de vingt personnes qu'il a fait ses confidences, et parmi ces personnes il y en a qui ne s'occupent guère de politique. Que pense-t-il de cet employé des *Sleeping-car* dans le gilet duquel, pour tromper sans doute la longueur du chemin de Turin à Rome, il a versé le trop-plein de ses confidences, et qui, quelques jours après, tombait de la lune en lisant dans le *Figaro*, sans qu'il y eut le moins du monde coopéré, son entretien avec Mgr l'Auditeur ? C'est surtout pour les diplomates, Monsignor, que le silence est d'or. Cette mésaventure a rendu impossible votre séjour à Rome. Vous désirez, je le comprends, que le gouvernement vous rappelle en France, avec honneur et avancement ; je le comprends encore, mais tenez-vous pour averti que, quoi que vous fassiez, vous ne serez jamais évêque. Je sais quelqu'un qui vous culbutera toujours, et contre lequel vous ne pouvez rien. (*Note du compilateur.*)

NOTE 2. J'ai reproduit ce crayon de M. Reinhard parce que cet ecclésiastique est journaliste et qu'il se pose en homme politique. D'ailleurs, le prêtre qui *éreinte* ses supérieurs et les religieux avec tant de sans-façon mérite bien qu'on le démasque, et qu'on lui montre la poutre qui lui crève les yeux. (*Note du compilateur.*)

A M. PAUL BERT

DÉPUTÉ DE L'YONNE

Monsieur,

Votre lettre du 27 janvier à M. le conseiller d'État Castagnary, m'a plongé dans la stupeur (1).

De qui vous moquez-vous ? De lui ? De vous ? ou du public ? De tous les trois, je crois.

Les éloges hyperboliques, dont vous couvrez le désorganisateur de la direction des cultes, ont dû l'égayer, s'il a quelque esprit.

---

(1)   Paris, le 27 janvier 1882.
    Mon cher conseiller d'État,

Je vous accuse réception de la lettre par laquelle vous me demandez de vous « relever d'une mission désormais sans objet ». Je vous donne immédiatement toute satisfaction, en vous priant de rester à votre poste pour l'examen des affaires courantes aussi longtemps que moi-même je resterai au mien.

Mais je ne puis me séparer de vous sans vous remercier doublement. D'abord, pour avoir consenti à quitter momentanément les calmes régions où délibère le conseil suprême pour vous mêler aux luttes ardentes et livrer votre nom aux injures des deux camps ennemis ; ensuite et surtout — car il importe de ne pas trop insister sur un acte de courage — pour m'avoir apporté le concours d'une science générale profonde et de connaissances spéciales des plus précieuses en ces délicates matières.

Aussi, après avoir réorganisé des bureaux où régnait un esprit hostile, nous avons pu nous mettre utilement à la tâche, et si court qu'ait été notre passage aux affaires, il n'a pas laissé que de produire quelques résultats.

Dans le domaine des cultes non catholiques, nous avons envoyé au conseil d'État un décret qui devra ramener, au sein de l'Eglise protestante de Paris, une paix troublée depuis vingt ans par les conséquences d'un décret illégal.

Dans les questions bien autrement nombreuses et difficiles que soulèvent les relations avec le clergé catholique, nous avons été fidèles à l'engagement pris par le gouvernement « d'appliquer strictement les lois concordataires. »

Ressaisissant des rênes trop longtemps relâchées, nous avons exigé et obtenu l'obéis-

Comment osez-vous, en effet, le remercier d' « avoir consenti à quitter momentanément les calmes régions où délibère le conseil suprême pour se mêler aux luttes ardentes et livrer son nom aux injures des deux camps ennemis ; » insinuant que M. Castagnary ne s'est laissé imposer la direction des cultes que dans le but de vous être agréable, par désintéressement, par dévouement, par héroïsme.

---

sance à des prescriptions justifiées par le respect des droits de l'Etat et cependant presque abandonnées, sans jamais tomber, malgré les sollicitations, les railleries, les menaces, les outrages, dans la taquinerie ridicule ou la persécution odieuse.

Je n'oublierai jamais ce spectacle d'une presse affolée et cynique, inventant chaque jour avec force injures, au compte du ministère des cultes, une sottise nouvelle : aujourd'hui, défense de porter en public le costume ecclésiastique; demain, nomination d'un évêque grotesque, interdiction des prédications de l'Avent, que sais-je? puis, huit jours après, s'exclamant en triomphe, — et toujours l'injure à la bouche, — que nous n'avions pas osé !

Rien de tout cela ne nous a ébranlés, ni même indignés, ou surpris, et, sans daigner répondre, nous avons continué notre travail.

Je ne pourrais tenter d'énumérer la série des actes de détail par lesquels nous avons nettement montré aux représentants de l'Eglise catholique que le ministère des cultes a pour fonction principale de défendre l'État contre leurs empiétements. Il ne s'est guère passé de jour que nous ne leur ayons donné occasion de constater qu'un grand changement s'était opéré et que nous avions « aiguillé » dans une nouvelle direction.

Il en était résulté, comme il arrive toujours quand l'Eglise voit que le pouvoir civil lui tient tête, une grande accalmie dans ses manifestations et malgré les grossières et ineptes injures de ses journaux, une pacification apparente, dont les plus hauts dignitaires de l'Eglise nous certifiaient la sincérité en nous offrant, pour la rendre définitive, leur actif et tout-puissant concours.

Nous ne nous sommes pas laissé séduire par cette mise en scène, et nous avons placé notre confiance [pour l'avenir non dans des dispositions pacifiques variables avec les circonstances, mais dans la législation même.

Revenant au pacte concordataire, nous avons préparé un projet de loi considérable, qui contient deux ordres de dispositions. Les unes dépouillent l'Eglise catholique de privilèges et d'immunités que lui a successivement accordées la faiblesse des gouvernements, à commencer, dès 1809, par celui du premier Empire (exemption du service militaire; honneurs extraordinaires; traitement des chanoines; bourses de séminaires; logement des évêques, des séminaires; imposition d'office sur le budget des communes; monopole des pompes funèbres, etc.). Les autres ajoutent des sanctions pénales aux prescriptions qu'en outre de l'article 1er du Concordat les articles organiques ont édictées dans l'intérêt de la « tranquillité publique » (appels d'abus; attaques dans l'exercice des fonctions contre des particuliers, des fonctionnaires, des administrateurs ; absences non justifiées; publication non autorisée d'actes émanant de la cour de Rome, etc.

Ce projet, longuement étudié et mûri, n'a pu être porté au nom du gouvernement devant le Parlement. Je le présenterai en mon nom et le défendrai devant la Chambre. Sans lui, le Concordat continuerait à rester, sur bien des points, lettre morte ; sans lui, l'Eglise catholique continuerait non seulement à recueillir tous les avantages du pacte sans en subir l'autorité, mais encore elle accroîtrait d'une manière indéfinie sa puissance alors qu'il sait lui-même qu'il n'a jamais été votre candidat, que vous aviez désigné le préfet du Pas-de-Calais pour succéder à M. Flourens, et que vous n'y avez renoncé que parce que M. Gambetta vous y a obligé? Pourquoi adresser publiquement, à ce monsieur, un remercîment qu'il a le droit de trouver ironique et insultant ?

Mais là où vous devenez d'un supercoquentieux dont rien n'approche, c'est quand vous le remerciez « surtout — car il importe de ne pas trop insister sur un acte de courage — de vous avoir apporté le concours d'une science générale profonde et de connaissances spéciales des plus précieuses en ces délicates matières. »

---

en profitant, pour augmenter ses privilèges, de toutes les oscillations politiques auxquelles elle a jusqu'à ce jour toujours gagné, sans rétrograder jamais.

Les personnes qui pensent qu'en doctrine générale on ne peut concevoir au sein d'un grand Etat catholique l'Eglise disposant en toute liberté des forces extraordinaires que lui donnent son organisation, son ancienneté, ses affirmations infaillibles, ses menaces et ses promesses, et jusqu'à je ne sais quelles dispositions héréditaires d'un peuple par elle guidé depuis des siècles, tous les partisans d'une politique concordataire, en un mot, devront voter ce projet de loi, parce qu'ils ne peuvent vouloir que le Concordat soit un vain mot.

Ils devront en voter aussi les dispositions principales, ceux qui aspirent voir se réaliser la logique conception de la séparation de l'Eglise et de l'Etat, parce qu'ils ne peuvent qu'applaudir à des mesures qui diminueront les dangers sur lesquels il est impossible de s'aveugler. Car aux forces immanentes à l'Eglise que je viens d'énumérer, il semble que l'Etat ait pris plaisir à ajouter des forces d'ordre séculier, provenant des avantages concédés en honneurs, richesses ou privilèges. Ils considèreront notre projet de loi comme une préparation à la séparation totale.

Quant à moi, je le défendrai avec toute l'énergie que donne une conviction profonde, doublée de ce sentiment qu'en dehors de lui, s'il échoue, il faut en venir fatalement, et alors le plus rapidement possible, à la séparation.

Car il n'est pas possible d'admettre que l'Eglise continue à accumuler par la complicité de l'Etat les forces avec lesquelles elle tente de l'asservir. Et j'avoue que cette perspective de la séparation immédiate m'effraye tellement, me montre des inconnus si redoutables, que je sens redoubler mon courage à soutenir un projet de loi qui peut conjurer tous les dangers.

Je devais, au moment de livrer cette œuvre considérable à la discussion publique, vous rendre justice, mon cher conseiller d'Etat, et vous remercier de votre collaboration. Quelque jour, peut-être, nous reprendrons ensemble et plus librement la tâche si brusquement interrompue.

Nous nous entendrons toujours. Car à une appréciation semblable des droits imprescriptibles de l'Etat, c'est-à-dire de la société laïque, nous joignons l'un et l'autre un profond respect pour la liberté de conscience, jusque dans ses aberrations les moins justifiables aux yeux de la raison.

Cordialement votre

PAUL BERT.

C'est ainsi qu'à l'Ecole polytechnique le major félicite le dernier de la promotion, celui qu'on nomme le *major de queue*, de son talent, de son mérite, de son génie, qui l'ont fait entrer dernier à l'école.

Pour une brimade carabinée, c'en est une.

Oser féliciter publiquement M. Castagnary de sa science profonde, etc., en ces matières !

Oh ! non, c'est trop raide.

Mais pour qui donc est-ce un mystère que ce pauvre homme n'a commis que des bévues, — M. Gambetta a dit : des absurdités — pendant son court passage à la rue de Bellechasse ? Faut-il donc vous remettre en mémoire ce que les journaux bien informés, ne vous en déplaise, ont raconté de votre subordonné ? Avez-vous donc oublié sa circulaire aux archevêques ? Ses promesses à une douzaine de soutanes en loques de les teindre en violet ! Ses dix-sept propositions renouvelées de Jansénius qui devaient servir de base au nouveau Code clérical, et dont M. Gambetta vous a fait l'éloge que vous savez et vingt autres inepties qu'il est inutile de rappeler. Vous trouvez que c'est le fait d'un homme rempli d'une *science profonde* ? Pour un savant, monsieur, vous ne faites guère honneur à vos connaissances. M. Castagnary a fait preuve *en ces matières* d'une naïveté rare, d'une ignorance absolue et d'un manque de tact complet. Avant de désorganiser la direction des cultes, il était peu de chose, désormais ou le rangera dans la catégorie des infiniment petits (1).

---

(1) Le hasard, qui fait tant de choses, m'avait conduit lundi dernier dans une famille, où je vais quelquefois passer la soirée, et où je rencontrai un de mes anciens camarades de l'école qui, un beau jour, je n'ai jamais su pourquoi, changea son bicorne de polytechnicien, contre un tricorne de curé. Au moment où j'entrais dans le salon, l'abbé avait la parole. Ce qu'il racontait devait être ma foi très drôle, car on se tordait. Nous eûmes vite refait connaissance et après une cordiale poignée de main, je le priai de reprendre son récit. Il faut vous dire que cet abbé est une des natures les plus en dehors que je connaisse. Au quartier c'était notre boute-en-train. Depuis.... l'a grâce l'a touché ! Il arrivait du ministère de la justice, où il avait été embrasser un de ses parents, et il avait trouvé les bureaux dans un état indescriptible. C'était à croire qu'on y avait emmagasiné du bioxyde d'azote.

Ce n'était de tous côtés qu'éclats de rire insensés.

Il paraît que le matin on avait voituré chez le nouveau garde des sceaux les débris de l'ancienne direction des cultes dont Castagnary avait été le savant démolisseur, par mission spéciale de Son Excellence M. Paul Bert, et que cette réception avait été ruisselante d'inouïsme.

Les trois chefs de division, racontait l'abbé, attendaient avec leurs sous-ordres qu'on les fit pénétrer chez Son Excellence M. Humbert. Leur chef de file, Castagnary, avait jugé plus prudent de jouer la *Fille de l'air*. Anxieux, MM. Hepp, Dumay, Gillet,

Vous lui auriez rendu service en le laissant oublier, vous venez de l'achever avec vos éloges.

Et que dire de ceux que vous vous décernez à vous-même avec un sans-façon prudhommesque qui paraît être le fond de votre nature? Pour un peu vous feriez l'histoire de vos soixante-douze jours de pouvoir, à la façon dont César racontait ses victoires. *Veni, vidi, vici.* Je suis venu, j'ai vu, j'ai vaincu!

Avant moi régnait *dans les bureaux désorganisés, un esprit hostile.* Veni! vidi! vici! J'ai balayé la routine, j'ai chassé de vieux serviteurs qui avaient quarante ans de services, j'ai placé un défroqué à la bibliothèque, et les bureaux ont fait des merveilles!

Si l'on vous avait laissé six mois de plus, vous les auriez transportés à la foire de Neuilly, entre la femme torpille, et les mystères de l'Inquisition : « Entrez mesdames et messieurs, ça ne coûte que deux sous, on peut voir et toucher!

Avant moi le culte protestant blémissait, je lui ai infusé un sang nouveau; aujourd'hui il ruisselle de vie et d'espérances. Ah! parlez-moi d'un athée pour bouchonner une religion et lui donner de l'allure.

Avant moi le culte catholique crevait de santé, je lui ai fait des saignées qui l'ont soulagé et, aujourd'hui, le Nonce m'a en grande estime.

Quant aux *sottises* qu'on me reproche, c'est la *presse affolée et cynique* seule qui me les a prêtées. Heureusement que, drapé dans ma simarre, sans être ni *ébranlé*, ni *indigné*, ni *surpris*, j'ai continué mon travail.

C'est ce travail, d'ailleurs, que maintenant je vais faire valoir. Nouveau P. L. M., *j'aiguillerai* l'Eglise dans une nouvelle direction : c'est dire que je tâcherai de la faire sauter.

Cicéron, dans son traité de la Divination, nous raconte que les

---

s'interrogeaient pour savoir qui porterait la parole. M. Hepp déclarait que ce ne serait pas lui, parce qu'il ne se sentait pas le courage de présenter au ministre un personnel aussi bariolé. Quelqu'un affirma que si M. Dumay prenait la parole, il se retirerait. Restait M. Gillet, dans la division duquel se trouvent le curé Quily et le Prussien par alliance Multier.

Que faire? l'indécision était grande, quand l'huissier ouvrant la porte déposa sans plus de précaution ces tristes ruines devant M. Humbert.

Un silence glacial régnait dans le salon. Le ministre n'y comprenait rien. Il cherchait de tous côtés l'orateur et ses yeux ne rencontraient que ceux de l'abbé Quily. Heureusement que M. Jacquin, directeur du personnel de la justice, recueillant charitablement *les restes mutilés de ce beau corps,* sauva la situation en les recommandant à toute l'indulgence de son maître. Ce qu'on a ri!

généraux romains ne partaient jamais en guerre sans emmener avec eux les *poulets* qui devaient fournir les auspices. Rien de plus simple, dit-il, que la manière de consulter ces auspices. On place devant les poulets, en dehors de leur cage, une boule de pâte. Le général est présent. Il appelle quelqu'un de l'armée, le premier venu, souvent le gardien des poules, pour faire les fonctions d'augure, et lui adressant la parole : « Un tel, je veux que tu m'aides à prendre les auspices. » — J'ai entendu. — Dis s'il te paraît qu'il y a silence. (Ceci signifie l'absence de tout défaut dans l'augure). — « Il me paraît qu'il y a silence ; » — Dis s'ils mangent. Suivant que les poulets se jettent avidement sur la pâte, et en mangent, ou qu'ils restent au fond de leur cage, même quand on la secoue, et refusent de manger, l'auspice est favorable ou funeste.

Vous ferez bien, monsieur, de faire comme les généraux romains, et de prendre les auspices avant d'engager la bataille, car il se pourrait que la Chambre ne voulût pas se jeter sur la pâtée que vous lui servirez, et que vous en fussiez quitte pour vos frais d'éloquence. Vous devriez cependant commencer à comprendre que si l'on vous prend au sérieux comme académicien des sciences, on vous trouve impossible comme réformateur des religions. Je ne sais quel mauvais génie vous pousse.

Vous paraissez mécontent des injures que la presse vous a décernées. Plus que tout autre, vous les méritez, car plus que tout autre, vous avez abusé de la liberté de parler et d'écrire pour injurier, calomnier, 25 millions de catholiques, qui ne vous ont fait aucun mal et qui ne vous demandent rien.

Ne vous étonnez donc pas qu'on vous rende la peine du talion, qu'on critique sévèrement vos actes, vos paroles, qu'on fouille dans votre conscience pour y trouver vos projets. Vous êtes descendu dans l'arène, vous avez provoqué les religions, vous vous faites fort de les écraser sous le poids de vos projets, de les réduire à néant par la faim, souffrez que ceux qui aiment la liberté se fassent les juges du combat, et ne vous applaudissent que lorsque vous portez un coup droit.

Veuillez agréer.....

ÉPILOGUE

LA GRANDE COLÈRE DE M. PAUL BERT

Il paraît que M. Paul Bert m'a dans le nez, comme Coquelin
M. Perrin. Je l'agace, je l'irrite, je lui fais passer des nuits blanches;
même un ami dévoué m'assure que l'ancien ministre des cultes a
juré de m'exterminer. Ainsi voulait faire jadis le lion d'un mou-
cheron :

> Le quadrupède écume, et son œil étincelle;
> Un avorton de mouche en cent lieux le harcelle;
> Tantôt pique l'échine, et tantôt le museau,
> Tantôt entre au fond du naseau.
> La rage alors se trouve à son faîte montée.

C'est ce qui m'explique pourquoi, lorsque M. Paul Bert était
ministre, il rêva de faire ma connaissance par l'intermédiaire de la
Préfecture de police. Il ne parlait rien moins que d'ordonner une
enquête qui devait m'amener à ses pieds humilié et repentant.

Heureusement que je ne suis ni le bon Dieu, ni un de ses ministres, sans quoi j'aurais déjà reçu le *coup du lapin*. Ah ! c'est que
c'est un homme que M. Paul Bert, et un rude homme ! Ne vous
avisez pas de le contredire, de l'avertir qu'il patauge, qu'il s'em-
bourbe, d'un revers de main, il vous enverrait à cent pas mordre
la poussière et dévorer votre honte. Pour remiser un adversaire, il
n'a pas son pareil.

Les curés, c'est son affaire ! le nommé Dieu ça le regarde ! quand
le xixᵉ siècle n'aurait produit que Paul Bert, le Mahomet moderne,
il aurait suffi à sa tâche.

M. Paul Bert, qui aurait pu se faire un nom illustre dans la
science, a trouvé plus original de prendre place parmi les grotes-

6

ques, qui ont juré d'anéantir Dieu, et d'*embêter* les curés. C'est peut-être drôle, mais je trouve qu'il y a des choses plus drôles que celles-là !

En tous cas, il n'y a pas d'être qu'on insulte aujourd'hui plus que Dieu.

Je ne sais plus qui le provoqua directement jadis au Père-Lachaise, en l'engageant à venir s'aligner, s'il l'osait. Malheureusement, on n'avait point son adresse, sans quoi on lui eût envoyé des témoins.

Est-ce parce que M. Bert est furieux de ce qu'il ne s'est pas montré, qu'il cherche à le vexer de toutes les manières, avec la conviction qu'il ne s'en relèvera point ? Je n'en sais rien, ce que je sais, c'est qu'il compte le tuer moralement, tantôt par un coup simple, tantôt par un coup double. Sans doute, M. Bert ne dit pas la « rue Dominique » ou le « boulevard Germain », comme les purs de Belleville, mais il pontifie à sa manière en mâchonnant le Concordat, comme un vieux marin sa chique, pour le cracher sur les curés réduit à sa plus simple expression. En v'là assez des religions, chacun son tour.

Cela me rappelle une délicieuse parodie de la *Légende des siècles*, où Marcelin montrait Victor Hugo planant dans les espaces illimités. Le grand poète avait les deux pieds sur les bords de la nacelle d'un ballon, les bras croisés, et la chevelure simulait la flamme destinée à gonfler l'aérostat. Au-dessous, Marcelin avait écrit :

> Il n'y a, dit alors Victor Hugo à Dieu,
> Que toi-z-et moi au monde, et tu te fais bien vieux.

Le bon Dieu rajeuni, c'est M. Paul Bert, l'inventeur de la *morale scientifique* et du *Concordat ratatiné*. Et M. Paul Bert trouve étrange qu'on le blague un peu ! qu'on le désosse un tantinet, pour voir ce qu'il a dans le ventre ! Farceur, va !

Je me souviens qu'il y a une quinzaine d'années Fernand Desnoyers, sous l'Horloge à l'Opéra, se prit de bec avec un grand monsieur. Le poète mettait tant de drôlerie dans son « attrapage » que toute la galerie était de son côté. Impatienté, son adversaire s'écria :

— Eh bien ! monsieur, sortons !

— Sortons, repartit l'autre.

Tous les spectateurs les suivirent.

Arrivé au bureau des cannes, Desnoyers s'arrête, demande deux numéros, en attache un à la boutonnière de son adversaire stupéfait, met tranquillement l'autre dans sa poche et dit à la dame du vestiaire :

— Je prendrai monsieur en sortant; je ne veux pas m'en aller de sitôt.

L'auditoire poussa un immense éclat de rire...

Et le grand monsieur s'éloigna, honteux d'avoir fait montre de tant de susceptibilité et de si peu d'esprit.

Je ferai comme Fernand Desnoyers, je reprendrai M. Paul Bert quand il commencera, à la Chambre, le développement de ses grands projets cléricaux ; pour aujourd'hui, je me contente de lui attacher à la boutonnière une étiquette qui me le fera reconnaître : *L'auteur du Concordat ratatiné! l'inventeur du curé Quily! le cordial de Castagnary!* (1)

---

(1) On n'a pas idée comme sous le ministère de M. Gambetta la préfecture de police s'occupa des journalistes et voulut les bâillonner. Le plus acharné, peut-être, fut M. Paul Bert, et l'auteur de quelques-uns des articles que j'ai publiés dans ce Recueil m'a raconté lui-même comment M. Bert ordonna une enquête contre lui, parce qu'il publiait, au *Henri IV*, des articles qui lui déplaisaient. Il est intéressant de voir comment ces pourfendeurs de liberté la comprennent pour les autres. (*Note du compilateur.*)

FIN.

TABLE DES MATIÈRES

IMPRIMERIE C. MARPON ET E. FLAMMARION
RUE RACINE, 26, A PARIS.

www.ingramcontent.com/pod-product-compliance
Lightning Source LLC
Chambersburg PA
CBHW070858280326
41934CB00008B/1487